小学校学習指導要領（平成29年告示）解説

# 特別の教科　道徳編

平成29年7月

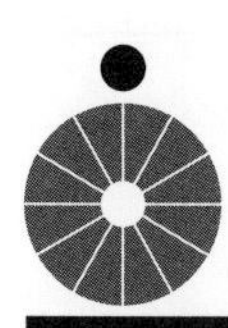

文部科学省

# ま　え　が　き

文部科学省では，平成29年3月31日に学校教育法施行規則の一部改正と小学校学習指導要領の改訂を行った。新小学校学習指導要領等は平成32年度から全面的に実施することとし，平成30年度から一部を移行措置として先行して実施することとしている。

今回の改訂は，平成28年12月の中央教育審議会答申を踏まえ，

①　教育基本法，学校教育法などを踏まえ，これまでの我が国の学校教育の実績や蓄積を生かし，子供たちが未来社会を切り拓くための資質・能力を一層確実に育成することを目指すこと。その際，子供たちに求められる資質・能力とは何かを社会と共有し，連携する「社会に開かれた教育課程」を重視すること。

②　知識及び技能の習得と思考力，判断力，表現力等の育成のバランスを重視する平成20年改訂の学習指導要領の枠組みや教育内容を維持した上で，知識の理解の質を更に高め，確かな学力を育成すること。

③　先行する特別教科化など道徳教育の充実や体験活動の重視，体育・健康に関する指導の充実により，豊かな心や健やかな体を育成すること。

を基本的なねらいとして行った。

本書は，大綱的な基準である学習指導要領の記述の意味や解釈などの詳細について説明するために，文部科学省が作成するものであり，小学校学習指導要領第３章「特別の教科　道徳」について，その改善の趣旨や内容を解説している。

各学校においては，本書を御活用いただき，学習指導要領等についての理解を深め，創意工夫を生かした特色ある教育課程を編成・実施されるようお願いしたい。

むすびに，本書「小学校学習指導要領解説特別の教科　道徳編」の作成に御協力くださった各位に対し，心から感謝の意を表する次第である。

平成29年７月

文部科学省初等中等教育局長

髙橋　道和

# 目次

# 第1章　総　説

## 1　改訂の経緯



我が国の教育は，教育基本法第1条に示されているとおり「人格の完成を目指し，平和で民主的な国家及び社会の形成者として必要な資質を備えた心身ともに健康な国民の育成を期して行われ」るものである。

人格の完成及び国民の育成の基盤となるものが道徳性であり，その道徳性を育てることが学校教育における道徳教育の使命である。

平成25年12月の「道徳教育の充実に関する懇談会」報告では，道徳教育について「自立した一人の人間として人生を他者とともにより良く生きる人格を形成することを目指すもの」と述べられている。道徳教育においては，人間尊重の精神と生命に対する畏敬の念を前提に，人が互いに尊重し協働して社会を形作っていく上で共通に求められるルールやマナーを学び，規範意識などを育むとともに，人としてよりよく生きる上で大切なものとは何か，自分はどのように生きるべきかなどについて，時には悩み，葛藤しつつ，考えを深め，自らの生き方を育んでいくことが求められる。

さらに，今後グローバル化が進展する中で，様々な文化や価値観を背景とする人々と相互に尊重し合いながら生きることや，科学技術の発展や社会・経済の変化の中で，人間の幸福と社会の発展の調和的な実現を図ることが一層重要な課題となる。こうした課題に対応していくためには，社会を構成する主体である一人一人が，高い倫理観をもち，人としての生き方や社会の在り方について，時に対立がある場合を含めて，多様な価値観の存在を認識しつつ，自ら感じ，考え，他者と対話し協働しながら，よりよい方向を目指す資質・能力を備えることがこれまで以上に重要であり，こうした資質・能力の育成に向け，道徳教育は大きな役割を果たす必要がある。

このように，道徳教育は，人が一生を通じて追求すべき人格形成の根幹に関わるものであり，同時に，民主的な国家・社会の持続的発展を根底で支えるものでもある。また，道徳教育を通じて育成される道徳性，とりわけ，内省しつつ物事の本質を考える力や何事にも主体性をもって誠実に向き合う意志や態度，豊かな情操などは，「豊かな心」だけでなく，「確かな学力」や「健やかな体」の基盤ともなり，「生きる力」を育むために極めて重要なものである。

我が国の学校教育において道徳教育は，道徳の時間を要として学校の教育活動全体を通じて行うものとされてきた。これまで，学校や児童の実態などに基づき道徳教育の重点目標を設定し充実した指導を重ね，確固たる成果を上げている学校がある一方で，例えば，歴史的経緯に影響され，いまだに道徳教育そのものを忌避しがちな風潮があること，他教科に比べて軽んじられていること，読み物の登場人物の心情理解のみに偏った形式的な指導が行われる例があることなど，多くの課題が指摘されている。道徳教育は，児童の人格の基盤となる道徳性を養う重要な役割があることに鑑みれば，これらの実態も真摯に受け止めつつ，その改善・充実に取り組んでいく必要がある。

このため，平成26年2月には，文部科学大臣から，道徳教育の充実を図る観点から，教育課程における道徳教育の位置付けや道徳教育の目標，内容，指導方法，評価について検討するよう，中央教育審議会に対して諮問がなされ，同年3月から道徳教育専門部会を設置し10回に及ぶ審議を行い，教育課程部会，総会での審議を経て，同年10月に「道徳に係る教育課程の改善等について」答申を行った。この答申では，

① 道徳の時間を「特別の教科　道徳」（仮称）として位置付けること
② 目標を明確で理解しやすいものに改善すること
③ 道徳教育の目標と「特別の教科　道徳」（仮称）の目標の関係を明確にすること
④ 道徳の内容をより発達の段階を踏まえた体系的なものに改善すること
⑤ 多様で効果的な道徳教育の指導方法へと改善すること
⑥ 「特別の教科　道徳」（仮称）に検定教科書を導入すること
⑦ 一人一人のよさを伸ばし，成長を促すための評価を充実すること

などを基本的な考え方として，道徳教育について学習指導要領の改善の方向性が示された。

この答申を踏まえ，平成27年3月27日に学校教育法施行規則を改正し，「道徳」を「特別の教科である道徳」とするとともに，小学校学習指導要領，中学校学習指導要領及び特別支援学校小学部・中学部学習指導要領の一部改正の告示を公示した。今回の改正は，いじめの問題への対応の充実や発達の段階をより一層踏まえた体系的なものとする観点からの内容の改善，問題解決的な学習を取り入れるなどの指導方法の工夫を図ることなどを示したものである。このことにより，「特定の価値観を押し付けたり，主体性をもたず言われるままに行動するよう指導したりすることは，道徳教育が目指す方向の対極にあるものと言わなければならない」，「多様な価値観の，時に対立がある場合を含めて，誠実にそれらの価値に向き合い，道徳としての問題を考え続ける姿勢こそ道徳教育で養うべき基本的資質である」との答申を踏まえ，発達の段階に応じ，答えが一つではない道徳的な課題を一人一人の児童が自分自身の問題と捉え，向き合う「考える道徳」，「議論する道徳」へと転換を図るものである。

改正小学校学習指導要領は，平成27年4月1日から移行措置として，その一部又は全部を実施することが可能となっており，平成30年4月1日から全面実施することとしている。

なお，この間，平成28年12月21日に，中央教育審議会から，2年1か月にわたる審議を経て，「幼稚園，小学校，中学校，高等学校及び特別支援学校の学習指導要領等の改善及び必要な方策等について（答申）」が示されたことを踏まえ，平成29年3月31日に，小学校学習指導要領の全面改訂を行った。既に平成27年3月27日に告示された「第1章　総則」のうち道徳教育に関する部分や「第3章　特別の教科　道徳」については，この全面改訂後も，一部の項目の場所が移動された等の形式的な変更点以外は，実質的な変更はない。

本解説においては，平成29年3月31日告示による全面改訂後の小学校学習指導要領に基づき解説を行うものである。

## 2　改訂の基本方針

教育基本法をはじめとする我が国の教育の根本理念に鑑みれば，道徳教育は，教育の中核をなすものであり，学校における道徳教育は，学校のあらゆる教育活動を通じて行われるべきものである。

同時に，道徳教育においては，これまで受け継がれ，共有されてきたルールやマナー，社会において大切にされてきた様々な道徳的価値などについて，児童が発達の段階に即し，一定の教育計画に基づいて学び，それらを理解し身に付けたり，様々な角度から考察し自分なりに考えを深めたりする学習の過程が重要である。このため，昭和33年に，小・中学校において，道徳の時間が設けられ，各教科等における道徳教育と密接な関連を図りながら，計画的，発展的な指導によってこれを補充，深化，統合し，児童に道徳的価値の自覚や生き方についての考えを深めさせ，道徳的実践力を育成するものとされてきた。こうした道徳の時間を要として学校の教育活動全体を通じて行うという道徳教育の基本的な考え方は，今後も引き継ぐべきである。一方で，道徳教育が期待される役割を十分に果たすことができるように改善を図ることが重要である。

とりわけ，道徳の時間が道徳教育の要として有効に機能することが不可欠である。今回の道徳教育の改善に関する議論の発端となったのは，いじめの問題への対応であり，児童がこうした現実の困難な問題に主体的に対処することのできる実効性ある力を育成していく上で，道徳教育も大きな役割を果たすことが強く求められた。道徳教育を通じて，個人が直面する様々な状況の中で，そこにある事象を深く見つめ，自分はどうすべきか，自分に何ができるかを判断し，そのことを実行する手立てを考え，実践できるようにしていくなどの改善が必要と考えられる。

このような状況を踏まえ，道徳教育の充実を図るため，学校の教育活動全体を通じて行う道徳教育とその要としての道徳の時間の役割を明確にした上で，児童の道徳性を養うために，適切な教材を用いて確実に指導を行い，指導の結果を明らかにしてその質的な向上を図ることができるよう，学校教育法施行規則及び学習指導要領の一部を改正し，道徳の時間を教育課程上「特別の教科　道徳」（以下「道徳科」という。）として新たに位置付け，その目標，内容，教材や評価，指導体制の在り方等を見直した。これまでの道徳の時間を要として学校の教育活動全体を通じて行うという道徳教育の基本的な考え方を今後も引き継ぐとともに，道徳科を要として道徳教育の趣旨を踏まえた効果的な指導を学校の教育活動全体を通じてより確実に展開することができるよう，道徳教育の目標等をより分かりやすい表現で示すなど，教育課程の改善を図った。

## 3　改訂の要点

学校の教育活動全体で行う道徳教育に関わる規定を，学習指導要領「第１章総則」に示すとともに，「第３章　特別の教科　道徳」について，次のような改善を行った。

### (1) 第１　目標

道徳教育の目標と道徳科の目標を，各々の役割と関連性を明確にするため，道徳科の目標を「よりよく生きるための基盤となる道徳性を養う」として，学校の教育活動全体を通じて行う道徳教育の目標と同一であることが分かりやすい表現にするとともに，従前，道徳の時間の目標に定めていた「各教科等との密接な関連」や「計画的，発展的な指導による補充，深化，統合」は，「第３　指導計画の作成と内容の取扱い」に整理した上で，表現を改めた。また，道徳的価値について自分との関わりも含めて理解し，それに基づいて内省し，多面的・多角的に考え，判断する能力，道徳的心情，道徳的行為を行うための意欲や態度を育てるという趣旨を明確化するため，従前の「道徳的価値の自覚及び自己の生き方についての考えを深め」ることを，学習活動を具体化して「道徳的諸価値についての理解を基に，自己を見つめ，物事を多面的・多角的に考え，自己の生き方についての考えを深める学習」と改めた。さらに，これらを通じて，よりよく生きていくための資質・能力を培うという趣旨を明確化するため，従前の「道徳的実践力を育成する」ことを，具体的に，「道徳的な判断力，心情，実践意欲と態度を育てる」と改めた。



### (2) 第２　内容

「道徳科を要として学校の教育活動全体を通じて行う道徳教育の内容は，第３章特別の教科道徳の第２に示す内容とする」との規定を総則に示し，第２に示す内容が道徳科を要とした道徳教育の内容であることを明示した。また，小学校から中学校までの内容の体系性を高めるとともに，構成やねらいを分かりやすく示して指導の効果を上げるなどの観点から，それぞれの内容項目に手掛かりとなる「善悪の判断，自律，自由と責任」などの言葉を付記した。

内容項目のまとまりを示していた視点については，四つの視点によって内容項目を構成して示すという考え方は従前どおりとしつつ，これまで「１　主として自分自身に関すること」「２　主として他の人との関わりに関すること」「３　主として自然や崇高なものとの関わりに関すること」「４　主として集団や社会との関わりに関すること」の順序で示していた視点を，児童にとっての対象の広がりに即して整理し，「Ａ　主として自分自身に関すること」「Ｂ　主として人との関わりに関すること」「Ｃ　主として集団や社会との関わりに関すること」「Ｄ　主として生命や自然，崇高なものとの関わりに関すること」として順序を改めた。

また，内容項目については主に以下のような改善を図った。

Ａ　主として自分自身に関すること

○　第１学年及び第２学年

(ｱ) 自分のよさを生かし伸ばすことを重視して「自分の特徴に気付くこと」を新たに加えた。

(ｲ) より主体性をもって努力できるようにするために「自分がやらなければならない勉強や仕事」を「自分のやるべき勉強や仕事」に改めた。

○　第３学年及び第４学年

(ｱ) 正しいと判断したことはしっかりやり抜くことができるようにするため，「勇気をもって行う」を「自信をもって行う」に改めた。

(ｲ) 自分の安全に気を付けて生活ができるようにするために，「よく考えて行動し，節度のある生活をする」を「安全に気を付け，よく考えて行動し，節度のある生活をする」に改めた。

(ｳ) 主体性をもって個性を伸ばすことができるようにするために「よい所を伸ばす」を「長所を伸ばす」に改めた。

(ｴ) 目標に向かって努力できるようにすることを重視して「自分でやろう

と決めたことは，粘り強くやり遂げる」を「目標に向かって，強い意志をもち，粘り強くやり抜く」に改めた。

○　第５学年及び第６学年

(ｱ) 自分の意志に基づいて判断できるようにするために，「自律的で責任のある行動をする」を「自律的に判断し，責任のある行動をする」に改めた。

(ｲ) 自分の安全に気を付け，生活習慣の意義や大切さなどについての理解を深められるようにするために「生活習慣の大切さを知り」を「安全に気を付けることや，生活習慣の大切さについて理解し」に改めた。

(ｳ) 個性の伸長に際して，長所及び短所を明確にするために「悪い所を改めよい所を積極的に伸ばす」を「短所を改め長所を伸ばす」に改めた。

(ｴ) 目標に向かって不屈の精神をもって努力することができるようにするために「より高い目標を立て，希望と勇気をもってくじけないで努力する」を「より高い目標を立て，希望と勇気をもち，困難があってもくじけずに努力して物事をやり抜く」に改めた。

(ｵ) 探究心を養うことを重視して「進んで新しいものを求め，工夫して生活をよりよくする」を「物事を探究しようとする心をもつ」に改めた。

B　主として人との関わりに関すること

○　第１学年及び第２学年

(ｱ) 親切の対象を広げられるようにするために「幼い人や高齢者など身近にいる人」を「身近にいる人」に改めた。

(ｲ) 感謝の対象を具体化するために「日ごろ世話になっている人々」を「家族など日頃世話になっている人々」に改めた。

○　第３学年及び第４学年

(ｱ) 主体的に人との関わりを捉えることができるようにするために，「生活を支えている人々や高齢者」を「家族など生活を支えてくれている人々や現在の生活を築いてくれた高齢者」に改めた。

(ｲ) 自分と異なる立場や考え方などを理解して，望ましい人間関係を構築できるようにすることを重視して，「自分の考えや意見を相手に伝えるとともに，相手のことを理解し，自分と異なる意見も大切にすること」を加えた。

○　第５学年及び第６学年

(ｱ) 現在の生活への感謝の念を深められるようにするために「人々の支え合い」を「家族や過去からの多くの人々の支え合い」に改めた。

(ｲ) 人間関係を構築できるようにするために「男女仲よく協力し助け合う」を「異性についても理解しながら，人間関係を築いていく」に改めた。

(ｳ) 自らの考えをもって他の立場や考えを受け入れることを重視して「自分の考えや意見を相手に伝えるとともに」を加え，「自分と異なる意見や立場を大切にする」を「自分と異なる意見や立場を尊重する」に改めた。

C　主として集団や社会との関わりに関すること

○　第１学年及び第２学年

(ｱ) 差別や偏見をもつことなく集団や社会との関わりをもてるようにするために「自分の好き嫌いにとらわれないで接すること」を加えた。

(ｲ) より実感をもって公共の精神の素地を養うようにするために「働くことのよさを感じて」を「働くことのよさを知り」に改めた。

(ｳ) 家族の一員として自覚が芽生えるようにするために「家族の役に立つ喜びを知る」を「家族の役に立つ」に改めた。

(ｴ) 国との関わりを深められるようにするために「郷土の文化や生活に親しみ」を「我が国や郷土の文化と生活に親しみ」に改めた。

(ｵ) これからのグローバル化に対応する素地を培うために「他国の人々や文化に親しむこと」を加えた。

○　第３学年及び第４学年

(ｱ) 主体性をもってきまりや規則を守ることを重視して「約束や社会のきまりを守り，公徳心をもつ」を「約束や社会のきまりの意義を理解し，それらを守る」に改めた。

(ｲ) 差別や偏見をもつことなく，より一層集団や社会との関わりをもてるようにするために「誰に対しても分け隔てをせず，公正，公平な態度で接すること」を加えた。

(ｳ) 自分と学校との関わりについても考えられるようにするために「楽しい学級をつくる」を「楽しい学級や学校をつくる」に改めた。

(ｴ) 郷土及び国との関わりに関する内容を統合して「我が国や郷土の伝統と文化を大切にし，国や郷土を愛する心をもつ」に改めた。

(ｵ) 多様な文化を尊重し，国際親善に努めることを重視して「他国の人々や文化に親しみ，関心をもつ」ことを明記した。

○　第５学年及び第６学年

(ｱ) 主体性をもってきまりや規則を守ることをより一層重視して「公徳心

をもって法やきまりを守り」を「法やきまりの意義を理解した上で進んでそれらを守り」に改めた。

(イ) 偏見や差別を許さない態度を重視して「差別をすることや偏見をもつことなく公正，公平にし」を「差別をすることや偏見をもつことなく，公正，公平な態度で接し」に改めた。

(ウ) 奉仕の精神の涵養を重視して「働くことの意義を理解し，社会に奉仕する喜びを知って公共のために役に立つことをする」を「働くことや社会に奉仕することの充実感を味わうとともに，その意義を理解し，公共のために役に立つことをする」に改めた。

(エ) 「身近な集団に進んで参加し，自分の役割を自覚し，協力して主体的に責任を果たす」ことは，集団や社会との関わりに関するいずれの内容にも関係するため，この趣旨を学校との関わりに関する内容に含めた。

(オ) 学級生活の充実及び学校の様々な集団における役割遂行を重視して「みんなで協力し合いよりよい校風をつくる」を「みんなで協力し合ってよりよい学級や学校をつくるとともに，様々な集団の中での自分の役割を自覚して集団生活の充実に努める」に改めた。

(カ) 日本人としての帰属意識及び社会的な広がりを再考して「郷土や我が国」「郷土や国」を「我が国や郷土」「国や郷土」に改めた。

(キ) 多様な文化を尊重し，国際親善に努めることを重視して「外国の人々や文化を大切にする心をもち，日本人としての自覚をもって世界の人々と親善に努める」を「他国の人々や文化について理解し，日本人としての自覚をもって国際親善に努める」に改めた。

D　主として生命や自然，崇高なものとの関わりに関すること

○　第1学年及び第2学年

(ア) 生きていることの証を実感することで生命の尊さを考えられるようにするために「生きることを喜び」を「生きることのすばらしさを知り」に改めた。

○　第3学年及び第4学年

(ア) 生命の尊さを自分との関わりで理解できるようにするために「生命の尊さを感じ取り」を「生命の尊さを知り」に改めた。

(イ) 自然との関わりを明確にするために「自然のすばらしさや不思議さに感動し」を「自然のすばらしさや不思議さを感じ取り」に改めた。

○　第5学年及び第6学年

(ｱ) 生命のかけがえのなさについての理解を深められるようにするために「生命がかけがえのないものであることを知り，自他の生命を尊重する」を「生命が多くの生命のつながりの中にあるかけがえのないものであることを理解し，生命を尊重すること」に改めた。

(ｲ) 畏敬の念の対象を広く捉えられるようにするために「美しいもの」を「美しいものや気高いもの」に改めた。

(ｳ) 人間としてのよさを見いだしていくことができるようにするために「よりよく生きようとする人間の強さや気高さを理解し，人間として生きる喜びを感じること」を加えた。

### (3) 第３　指導計画の作成と内容の取扱い

ア　全体計画及び指導内容の取扱いに関わる事項は「第１章　総則」に移行し，道徳科の年間指導計画に関わる事項を記載した。なお，指導計画の創意工夫を生かせるようにするために，一つの内容項目を複数の時間で扱う指導を取り入れるなどの工夫を加えた。

イ　これまで目標に示していた各教科等との密接な関連及び補充，深化，統合に関する事項を，指導の配慮事項に移行し，分かりやすい記述に改めた。

ウ　児童が自ら道徳性を養うことへの配慮事項を，自らを振り返ること，道徳性を養うことの意義について，自らが考え，理解することなどを加えて具体的に示した。

エ　児童が多様な感じ方や考え方に接する中で，考えを深め，判断し，表現する力などを育むための言語活動の充実を具体的に示した。

オ　道徳科の特質を生かした指導を行う際の指導方法の工夫例を，問題解決的な学習，道徳的行為に関する体験的な学習等として示した。

カ　指導上の配慮事項として，情報モラルに加えて社会の持続可能な発展などの現代的な課題の取扱いを例示し，取り上げる際の配慮事項を明記した。

キ　多様な教材の開発や活用について具体的に例示するとともに，教材の具備すべき要件を示した。

ク　道徳科の評価に関して，数値などによる評価は行わない点に変わりはないが，学習状況や道徳性に係る成長の様子を継続的に把握し，指導に生かすよう努める必要があることを示した。

# 第２章　道徳教育の目標

## 第１節　道徳教育と道徳科

**(「第１章　総則」の「第１　小学校教育の基本と教育課程の役割」の２の (2)　２段目)**

学校における道徳教育は，特別の教科である道徳（以下「道徳科」という。）を要として学校の教育活動全体を通じて行うものであり，道徳科はもとより，各教科，外国語活動，総合的な学習の時間及び特別活動のそれぞれの特質に応じて，児童の発達の段階を考慮して，適切な指導を行うこと。

学校における道徳教育は，自己の生き方を考え，主体的な判断の下に行動し，自立した一人の人間として他者と共によりよく生きるための基盤となる道徳性を養うことを目標とする教育活動であり，社会の変化に対応しその形成者として生きていくことができる人間を育成する上で重要な役割をもっている。

道徳教育は，学校や児童の実態などを踏まえ設定した目標を達成するために，道徳科はもとより，各教科，外国語活動，総合的な学習の時間及び特別活動のそれぞれの特質に応じて行うことを基本として，あらゆる教育活動を通じて，適切に行われなくてはならない。その中で，道徳科は，各活動における道徳教育の要として，それらを補ったり，深めたり，相互の関連を考えて発展させたり統合させたりする役割を果たす。いわば，扇の要のように道徳教育の要所を押さえて中心で留めるような役割をもつと言える。

したがって，各教育活動での道徳教育がその特質に応じて意図的，計画的に推進され，相互に関連が図られるとともに，道徳科において，各教育活動における道徳教育で養われた道徳性が調和的に生かされ，道徳科としての特質が押さえられた学習が計画的，発展的に行われることによって，児童の道徳性は一層豊かに養われていく。

また，学校における道徳教育は，児童の発達の段階を踏まえて行われなければならない。その際，多くの児童がその発達の段階に達するとされる年齢は目安として考えられるものであるが，児童一人一人は違う個性をもった個人であるため，それぞれ能力・適性，興味・関心，性格等の特性等は異なっていることにも意を用いる必要がある。発達の段階を踏まえると，幼児期の指導から小学校，中学校へと，各学校段階における幼児，児童，生徒が見せる成長発達の様子やそれぞれの段階の実態等を考慮して指導を進めることとなる。その際，例えば，小学校の時期においては，６学年間の発達の段階を考慮するとともに，幼児期の発達の段階を踏まえ，中学校の発達の段階への成長の見通しをもって，小学校の時期にふさわしい指導の目標を明確にし，指導内容や指導方法を生かして，計画的に進めることになる。しかし，この捉え方だけでは十分とは言えない。道徳科においては，発達の段階を前提としつつも，指導内容や指導方法について考える上では，個々人としての特性等から捉えられる個人差に配慮することも重要となる。児童の実態を把握し，指導内容，指導方法を決定してこそ，適切に指導を行うことが可能となる。



【参考】各教科等における道徳教育（小学校学習指導要領解説総則編より抜粋）

第６節　道徳教育推進上の配慮事項

1　道徳教育の指導体制と全体計画

（4）各教科等における道徳教育

各教科等における道徳教育については，第２章各教科，第４章外国語活動，第５章総合的な学習の時間及び第６章特別活動における「第３　指導計画の作成と内容の取扱い」に，第３章特別の教科道徳の第２に示す内容についてそれぞれの特質に応じて適切に指導することが示されているが，具体的には，次のような配慮をすることが求められる。

ア　国語科

国語で正確に理解したり適切に表現したりする資質・能力を育成する上で，日常生活における人との関わりの中で伝え合う力を高めることは，学校の教育活動全体で道徳教育を進めていくための基盤となるものである。また，思考力や想像力を養うこと及び言語感覚を豊かにすることは，道徳的心情や道徳的判断力を養う基本になる。さらに，我が国の言語文化に関わり，国語を尊重してその能力の向上を図る態度を養うことは，伝統と文化を尊重し，それらを育んできた我が国と郷土を愛することなどにつながるものである。

教材選定の観点として，第２章第１節国語の第３の３(2)に，道徳性の育成に資する項目を国語科の特質に応じて示している。

イ　社会科

地域や我が国の歴史や伝統と文化を通して社会生活について理解することや，多角的な思考や理解を通して，地域社会に対する誇りと愛情，我が国の国土と歴史に対する愛情を涵（かん）養することは，伝統と文化を尊重し，それらを育んできた我が国と郷土を愛することなどにつながるものである。また，国際社会に生きる平和で民主的な国家及び社会の形成者としての自覚をもち，自他の人格を尊重し，社会的義務や責任を重んじ，公正に判断しようとする態度や能力などの公民としての資質・能力の基礎を養うことは，主として集団や社会との関わりに関する内容などと密接に関係するものである。

ウ　算数科

算数科の目標にある「日常の事象を数理的に捉え見通しをもち筋道を立てて考察する力」を育てることは，道徳的な判断力の育成にも資するものである。また，「算数で学んだことを生活や学習に活用しようとする態度」を育てることは，工夫して生活や学習をしようとする態度を育てることにも資するものである。



エ　理科

栽培や飼育などの体験活動を通して自然を愛する心情を育てることは，生命を尊重し，自然環境の保全に寄与する態度の育成につながるものである。また，見通しをもって観察，実験を行うことや，問題解決の力を育てることは，道徳的判断力や真理を大切にしようとする態度の育成にも資するものである。

オ　生活科

自分自身，身近な人々，社会及び自然と直接関わる活動や体験を通して，自然に親しみ，生命を大切にするなど自然との関わりに関心をもつこと，自分のよさや可能性に気付くなど自分自身について考えさせること，生活上のきまり，言葉遣い，振る舞いなど生活上必要な習慣を身に付け，自立し生活を豊かにしていくための資質・能力を育成することなど，いずれも道徳教育と密接な関わりをもつものである。

カ　音楽科

音楽科の「第１ 目標」(3)に，「音楽活動の楽しさを体験することを通して，音楽を愛好する心情と音楽に対する感性を育むとともに，音楽に親しむ態度を養い，豊かな情操を培う。」と示している。音楽を愛好する心情や音楽に対する感性は，美しいものや崇高なものを尊重する心につながるものであり，また，音楽科の学習指導を通して培われる豊かな情操は，道徳性の基盤を養うものである。

音楽科で取り扱う共通教材は，我が国の伝統や文化，自然や四季の美しさや，夢や希望をもって生きることの大切さなどを含んでおり，道徳的心情の育成に資するものである。

キ　図画工作科

図画工作科においては，目標の「学びに向かう力，人間性等」において「つくりだす喜びを味わうとともに，感性を育み，楽しく豊かな生活を創造しようとする態度を養い，豊かな情操を培う」と示している。

つくりだす喜びを味わうようにすることは，美しいものや崇高なものを尊重する心につながるものである。また，造形的な創造による豊かな情操は，道徳性の基盤を養うものである。

ク　家庭科

日常生活に必要な基礎的な知識や技能を身に付け，生活をよりよくしようと工夫する資質・能力を育てることは，生活習慣の大切さを知り，自分の生活を見直すことにつながるものである。また，家庭生活を大切にする心情を育むことは，家族を敬愛し，楽しい家庭をつくり，家族の役に立つことをしようとすることにつながるものである。

ケ　体育科

自己の課題の解決に向けて運動したり，集団で楽しくゲームを行ったりすることを通して，最後まで粘り強く取り組む，気持ちのよい挨拶をする，仲間と協力する，勝敗を受け入れる，フェアなプレイを大切にする，仲間の考えや取組を理解するなどの態度が養われる。

健康・安全についての理解は，生活習慣の大切さを知り，自己の生活を見直すことにつながるものである。

コ　外国語科

外国語科においては，第１の目標(3)として「外国語の背景にある文化に対する理解を深め，他者に配慮しながら，主体的に外国語を用いてコミュニケーションを図ろうとする態度を養う」と示している。「外国語の背景にある文化に対する理解を深め」ることは，世界の中の日本人としての自覚をもち，国際的視野に立って，世界の平和と人類の幸福に貢献することにつながるものである。また，「他者に配慮」することは，外国語の学習を通して，他者を配慮し受け入れる寛容の精神や平和・国際貢献などの精神を獲得し，多面的思考ができるような人材を育てることにつながる。

サ　外国語活動

外国語活動においては，第１の目標(3)として「外国語を通して，言語やその背景にある文化に対する理解を深め，相手に配慮しながら，主体的に外国語を用いてコミュニケーションを図ろうとする態度を養う」と示している。「外国語を通して，言語やその背景にある文化に対する理解を深め」ることは，世界の中の日本人としての自覚をもち，国際的視野に立って，世界の平和と人類の幸福に貢献することにつながるものである。また，「相手に配慮」することは，外国語の学習を通して，相手に配慮し受け入れる寛容の精神や平和・国際貢献などの精神を獲得し，多面的思考ができるような人材を育てることにつながる。

シ　総合的な学習の時間

総合的な学習の時間においては，目標を「探究的な見方・考え方を働かせ，横断的・総合的な学習を行うことを通して，よりよく課題を解決し，自己の生き方を考えていくための資質・能力を次のとおり育成する」とし，育成を目指す資質・能力の三つの柱を示している。

総合的な学習の時間の内容は，各学校で定めるものであるが，目標を実現するにふさわしい探究課題については，例えば，国際理解，情報，環境，福祉・健康などの現代的な諸課題に対応する横断的・総合的な課題，地域の人々の暮らし，伝統と文化など地域や学校の特色に応じた課題，児童の興味・関心に基づく課題などを踏まえて設定することが考えられる。児童が，横断的・総合的な学習を探究的な見方・考え方を働かせて行うことを通して，このような現代社会の課題などに取り組み，これらの学習が自己の生き方を考えることにつながっていくことになる。

また，探究課題の解決を通して育成を目指す資質・能力については，主体的に判断して学習活動を進めたり，粘り強く考え解決しようとしたり，自己の目標を実現しようとしたり，他者と協調して生活しようとしたりする資質・能力を育てることも重要であり，このような資質・能力の育成は道徳教育につながるものである。

ス　特別活動

特別活動における学級や学校生活における集団活動や体験的な活動は，日常生活における道徳的な実践の指導を行う重要な機会と場であり，道徳教育において果たす役割は大きい。特別活動の目標には，「集団活動に自主的，実践的に取り組み」「互いのよさや可能性を発揮」「集団や自己の生活上の課題を解決」など，道徳教育でもねらいとする内容が含まれている。また，目指す資質・能力には，「多様な他者との協働」「人間関係」「自己の生き方」「自己実現」など，道徳教育がねらいとする内容と共通している面が多く含まれており，道徳教育において果たすべき役割は極めて大きい。

具体的には，例えば，多様な他者の意見を尊重しようとする態度，自己の役割や責任を果たして生活しようとする態度，よりよい人間関係を形成しようとする態度，みんなのために進んで働こうとする態度，自分たちできまりや約束をつくって守ろうとする態度，目標をもって諸問題を解決しようとする態度，自己のよさや可能性を大切にして集団活動を行おうとする態度などは，集団活動を通して身に付けたい道徳性である。

特に，学級活動については，道徳教育の各学年段階における配慮事項を踏まえて，学級活動における各学年段階の指導における配慮事項を示している。また，学級活動の「(1) 学級や学校における生活づくりへの参画」は，学級や学校の生活上の諸課題を見いだし，これを自主的に取り上げ，協力して解決していく自発的，自治的な活動である。このような児童による自発的，自治的な活動によって，望ましい人間関係の形成やよりよい生活づくりに参画する態度などに関わる道徳性を身に付けることができる。学級活動の「(2) 日常の生活や学習への適応と自己の成長及び健康安全」では，基本的な生活習慣の形成やよりよい人間関係の形成，心身ともに健康で安全な生活態度の形成，食育の観点を踏まえた学校給食と望ましい食習慣の形成を示している。また学級活動の「(3) 一人一人のキャリア形成と自己実現」では，現在や将来に希望や目標をもって生きる意欲や態度の形成，社会参画意識の醸成や働くことの意義の理解，主体的な学習態度の形成と学校図書館等の活用を示している。これらについて，自らの生活を振り返り，自己の目標を定め，粘り強く取り組み，よりよい生活態度を身に付けようとすることは，道徳性を養うことと密接に関わるものである。

児童会活動においては，異年齢の児童が学校におけるよりよい生活を築くために，諸問題を見いだし，これを自主的に取り上げ，協力して解決していく自発的，自治的な活動を通して，異年齢によるよりよい人間関係の形成やよりよい学校生活づくりに参画する態度などに関わる道徳性を養うことができる。

クラブ活動においては，異年齢によるよりよい人間関係の形成や個性の伸長，よりよいクラブ活動づくりに参画する態度などに関わる道徳性を養うことができる。

学校行事においては，特に，自然の中での集団宿泊活動やボランティア精神を養う活動，幼児，高齢者や障害のある人々などとの触れ合いや文化や芸術に親しむ体験を通して，よりよい人間関係の形成，自律的態度，心身の健康，協力，責任，公徳心，勤労，社会奉仕などに関わる道徳性を養うことができる。

## 第２節　道徳科の目標

（「第３章　特別の教科　道徳」の「第１　目標」）

第１章総則の第１の２の（2）に示す道徳教育の目標に基づき，よりよく生きるための基盤となる道徳性を養うため，道徳的諸価値についての理解を基に，自己を見つめ，物事を多面的・多角的に考え，自己の生き方についての考えを深める学習を通して，道徳的な判断力，心情，実践意欲と態度を育てる。

道徳科が目指すものは，学校の教育活動全体を通じて行う道徳教育の目標と同様によりよく生きるための基盤となる道徳性を養うことである。その中で，道徳科が学校の教育活動全体を通じて行う道徳教育の要としての役割を果たすことができるよう，計画的，発展的な指導を行うことが重要である。特に，各教科，外国語活動，総合的な学習の時間及び特別活動における道徳教育としては取り扱う機会が十分でない道徳的価値に関わる指導を補うことや，児童や学校の実態等を踏まえて指導をより一層深めること，相互の関連を捉え直したり発展させたりすることに留意して指導することが求められる。

道徳科は，このように道徳科以外における道徳教育と密接な関連を図りながら，計画的，発展的な指導によってこれを補ったり，深めたり，相互の関連を考えて発展させ，統合させたりすることで，道徳的諸価値についての理解を基に，自己を見つめ，物事を多面的・多角的に考え，自己の生き方についての考えを深める学習を通して，道徳性を養うことが目標として挙げられている。

また，各教科，外国語活動，総合的な学習の時間及び特別活動では，それぞれの目標に基づいて教育活動が行われる。これら各教科等で行われる道徳教育は，それぞれの特質に応じた計画によってなされるものであり，道徳的諸価値の全体にわたって行われるものではない。このことに留意し，道徳教育の要である道徳科の目標と特質を捉えることが大切である。

なお，道徳科の授業では，特定の価値観を児童に押し付けたり，主体性をもたずに言われるままに行動するよう指導したりすることは，道徳教育の目指す方向の対極にあるものと言わなければならない。多様な価値観の，時に対立がある場合を含めて，自立した個人として，また，国家・社会の形成者としてよりよく生きるために道徳的価値に向き合い，いかに生きるべきかを自ら考え続ける姿勢こそ道徳教育が求めるものである。

## 1　道徳教育の目標に基づいて行う

道徳教育は学校の教育活動全体を通じて行う教育活動であり，その目標は学習指導要領第１章総則の第１の２の（2）に以下のように示している。

「道徳教育は，教育基本法及び学校教育法に定められた教育の根本精神に基づき，自己の生き方を考え，主体的な判断の下に行動し，自立した人間として他者と共によりよく生きるための基盤となる道徳性を養うことを目標とする」

道徳科も学校の教育活動であり，道徳科を要とした道徳教育が目指すものは，特に教育基本法に示された「人格の完成を目指し，平和で民主的な国家及び社会の形成者として必要な資質を備えた心身ともに健康な国民の育成」（第１条）であり，「幅広い知識と教養を身に付け，真理を求める態度を養い，豊かな情操と道徳心を培うとともに，健やかな身体を養う」（第２条第１号）こと，「個人の価値を尊重して，その能力を伸ばし，創造性を培い，自主及び自律の精神を養うとともに，職業及び生活との関連を重視し，勤労を重んずる態度を養う」（同条第２号）こと，「正義と責任，男女の平等，自他の敬愛と協力を重んずるとともに，公共の精神に基づき，主体的に社会の形成に参画し，その発展に寄与する態度を養う」（同条第３号）こと，「生命を尊び，自然を大切にし，環境の保全に寄与する態度を養う」（同条第４号）こと，「伝統と文化を尊重し，それらをはぐくんできた我が国と郷土を愛するとともに，他国を尊重し，国際社会の平和と発展に寄与する態度を養う」（同条第５号）ことにつながるものでなければならない。

そして，主体的な判断に基づいて道徳的実践を行い，自立した人間として他者と共によりよく生きるための基盤となる道徳性を養うことが道徳科の目標である。このことは各教科等における道徳教育でも同様であり，道徳科がどのように道徳性を養うのかについては，以下の具体的な目標によるところである。

## 2　道徳性を養うために行う道徳科における学習

### (1) 道徳的諸価値について理解する

道徳的価値とは，よりよく生きるために必要とされるものであり，人間としての在り方や生き方の礎となるものである。学校教育においては，これらのうち発達の段階を考慮して，児童一人一人が道徳的価値観を形成する上で必要なものを内容項目として取り上げている。児童が今後，様々な問題場面に出会った際に，その状況に応じて自己の生き方を考え，主体的な判断に基づいて道徳的実践を行うためには，道徳的価値の意義及びその大切さの理解が必要になる。

一つは，内容項目を，人間としてよりよく生きる上で大切なことであると理解することである。二つは，道徳的価値は大切であってもなかなか実現することができない人間の弱さなども理解することである。三つは，道徳的価値を実現したり，実現できなかったりする場合の感じ方，考え方は一つではない，多様であるということを前提として理解することである。道徳的価値が人間らしさを表すものであることに気付き，価値理解と同時に人間理解や他者理解を深めていくようにする。

道徳科の中で道徳的価値の理解のための指導をどのように行うのかは，授業者の意図や工夫によるが，自立した人間として他者と共によりよく生きるための基盤となる道徳性を養うには，道徳的価値について理解する学習を欠くことはできない。また，指導の際には，特定の道徳的価値を絶対的なものとして指導したり，本来実感を伴って理解すべき道徳的価値のよさや大切さを観念的に理解させたりする学習に終始することのないように配慮することが大切である。

### (2) 自己を見つめる

道徳的価値の理解について，価値理解，人間理解，他者理解について前述したが，道徳的価値の理解を図るには，児童一人一人がこれらの理解を自分との関わりで捉えることが重要である。人間としてよりよく生きる上で大切な道徳的価値を自分のこととして感じたり考えたりすることである。

自己を見つめるとは，自分との関わり，つまりこれまでの自分の経験やそのときの感じ方，考え方と照らし合わせながら，更に考えを深めることである。このような学習を通して，児童一人一人は，道徳的価値の理解と同時に自己理解を深めることになる。また，児童自ら道徳性を養う中で，自らを振り返って成長を実感したり，これからの課題や目標を見付けたりすることができるようになる。

道徳科の指導においては，児童が道徳的価値を基に自己を見つめることができるような学習を通して，道徳性を養うことの意義について，児童自らが考え，理解できるようにすることが大切である。

### (3) 物事を多面的・多角的に考える

よりよく生きるための基盤となる道徳性を養うためには，児童が多様な感じ方や考え方に接することが大切であり，児童が多様な価値観の存在を前提にして，他者と対話したり協働したりしながら，物事を多面的・多角的に考えることが求められる。このように物事を多面的・多角的に考える学習を通して，児童一人一人は，価値理解と同時に人間理解や他者理解を深め，更に自分で考えを深め，判断し，表現する力などを育むのである。

道徳科においては，児童が道徳的価値の理解を基に物事を多面的・多角的に考えることができるようにすることが大切である。道徳的価値の理解は，道徳的価値自体を観念的に理解するのではなく，道徳的価値を含んだ事象や自分自身の体験などを通して，そのよさや意義，困難さ，多様さなどを理解することが求められる。

このように，道徳的価値の理解を基に，自己を見つめ，物事を多面的・多角的に考えるという道徳的価値の自覚を深める過程で，道徳的価値を自分なりに発展させていくことへの思いや課題が培われるのである。その中で，自己や社会の未来に夢や希望がもてるようにすることが大切である。

物事を多面的・多角的に考える指導のためには，物事を一面的に捉えるのではなく，児童自らが道徳的価値の理解を基に考え，様々な視点から物事を理解し，主体的に学習に取り組むことができるようにすることが大切である。

なお，例えば，発達の段階に応じて二つの概念が互いに矛盾，対立しているという二項対立の物事を取り扱うなど，物事を多面的・多角的に考えることができるよう指導上の工夫をすることも大切である。

### (4) 自己の生き方についての考えを深める

児童は，道徳的価値の理解を基に自己を見つめるなどの道徳的価値の自覚を深める過程で，同時に自己の生き方についての考えを深めているが，特にそのことを強く意識させることが重要である。

児童が道徳的価値の理解を基に，自己を見つめ，物事を多面的・多角的に考えることを通して形成された道徳的価値観を基盤として，自己の生き方についての考えを深めていくことができるようにすることが大切である。

その際，道徳的価値の理解を自分との関わりで深めたり，自分自身の体験やそれに伴う感じ方や考え方などを確かに想起したりすることができるようにするなど，特に自己の生き方についての考えを深めることを強く意識して指導することが重要である。

例えば，児童が道徳的価値に関わる事象を自分自身の問題として受け止められるようにする。また，他者の多様な感じ方や考え方に触れることで身近な集団の中で自分の特徴などを知り，伸ばしたい自己を深く見つめられるようにする。それとともに，これからの生き方の課題を考え，それを自己の生き方として実現していこうとする思いや願いを深めることができるようにすることなどが考えられる。

道徳科においては，これらのことが，児童の実態に応じて計画的になされるように様々に指導を工夫していく必要がある。

なお，このことは中学校段階において，人間としての生き方についての考えを深めることに発展していく。

## 3 道徳的な判断力，心情，実践意欲と態度を育てる



道徳性とは，人間としてよりよく生きようとする人格的特性であり，道徳教育は道徳性を構成する諸様相である道徳的判断力，道徳的心情，道徳的実践意欲と態度を育てることを求めている。

道徳性の諸様相については，様々な考え方があるが，学校教育において道徳教育を行うに当たっては，次のように捉えるようにする。

道徳的判断力は，それぞれの場面において善悪を判断する能力である。つまり，人間として生きるために道徳的価値が大切なことを理解し，様々な状況下において人間としてどのように対処することが望まれるかを判断する力である。的確な道徳的判断力をもつことによって，それぞれの場面において機に応じた道徳的行為が可能になる。

道徳的心情は，道徳的価値の大切さを感じ取り，善を行うことを喜び，悪を憎む感情のことである。人間としてのよりよい生き方や善を志向する感情であるとも言える。それは，道徳的行為への動機として強く作用するものである。

道徳的実践意欲と態度は，道徳的判断力や道徳的心情によって価値があるとされた行動をとろうとする傾向性を意味する。道徳的実践意欲は，道徳的判断力や道徳的心情を基盤とし道徳的価値を実現しようとする意志の働きであり，道徳的態度は，それらに裏付けられた具体的な道徳的行為への身構えと言うことができる。

これらの道徳性の諸様相には，特に序列や段階があるということではない。一人一人の児童が道徳的価値を自覚し，自己の生き方についての考えを深め，日常生活や今後出会うであろう様々な場面，状況において，道徳的価値を実現するための適切な行為を主体的に選択し，実践することができるような内面的資質を意味している。

道徳性を養うことを目的とする道徳科においては，その目標を十分に理解して，教師の一方的な押し付けや単なる生活経験の話合いなどに終始することのないように特に留意し，それにふさわしい指導の計画や方法を講じ，指導の効果を高める工夫をすることが大切である。

道徳性は，徐々に，しかも着実に養われることによって，潜在的，持続的な作

用を行為や人格に及ぼすものであるだけに，長期的展望と綿密な計画に基づいた丹念な指導がなされ，道徳的実践につなげていくことができるようにすることが求められる。

# 第３章　道徳科の内容

## 第１節　内容の基本的性格

（「第３章　特別の教科　道徳」の「第２　内容」）
　学校の教育活動全体を通じて行う道徳教育の要である道徳科においては，以下に示す項目について扱う。



### 1　内容構成の考え方

　道徳科の内容について，学習指導要領第３章の「第２　内容」では，上記のように示した上で，各項目（以下「内容項目」という。）を示している。

#### (1) 内容の捉え方

　学習指導要領第３章の「第２ 内容」は，教師と児童が人間としてのよりよい生き方を求め，共に考え，共に語り合い，その実行に努めるための共通の課題である。学校の教育活動全体の中で，様々な場や機会を捉え，多様な方法によって進められる学習を通して，児童自らが調和的な道徳性を養うためのものである。それらは，教育活動全体を通じて行われる道徳教育の要としての道徳科はもとより，全教育活動において，指導されなければならない。
　ここに挙げられている内容項目は，児童が人間として他者とよりよく生きていく上で学ぶことが必要と考えられる道徳的価値を含む内容を，短い文章で平易に表現したものである。また，内容項目ごとにその内容を端的に表す言葉を付記している。これらの内容項目は，児童自らが道徳性を養うための手掛かりとなるものである。なお，その指導に当たっては，内容を端的に表す言葉そのものを教え込んだり，知的な理解にのみとどまる指導になったりすることがないよう十分留意する必要がある。
　したがって，各内容項目について児童の実態を基に，把握し直し，指導上の課題を具体的に捉え，児童自身が道徳的諸価値についての理解を基に，自己を見つめ，物事を多面的・多角的に考え，自己の生き方についての考えを深めることができるよう，実態に応じた指導をしていくことが大切である。このように道徳的価値の自覚を深める指導を通して，児童自らが振り返って成長を実感したり，これからの課題や目標を見付けたりして，自己の生き方についての考えを深める学習ができるよう工夫する必要がある。

**(2) 四つの視点**

「第２　内容」は，道徳教育の目標を達成するために指導すべき内容項目を以下の四つの視点から，「第１学年及び第２学年」，「第３学年及び第４学年」，「第５学年及び第６学年」の学年段階に分けて示している。その視点から内容項目を分類整理し，内容の全体構成及び相互の関連性と発展性を明確にしている。

Ａ　主として自分自身に関すること

Ｂ　主として人との関わりに関すること

Ｃ　主として集団や社会との関わりに関すること

Ｄ　主として生命や自然，崇高なものとの関わりに関すること

私たちは様々な関わりの中で生存し，その関わりにおいて様々な側面から道徳性を発現させ，身に付け，人格を形成する。

「Ａ　主として自分自身に関すること」は，自己の在り方を自分自身との関わりで捉え，望ましい自己の形成を図ることに関するものである。「Ｂ　主として人との関わりに関すること」は，自己を人との関わりにおいて捉え，望ましい人間関係の構築を図ることに関するものである。「Ｃ　主として集団や社会との関わりに関すること」は，自己を様々な社会集団や郷土，国家，国際社会との関わりにおいて捉え，国際社会と向き合うことが求められている我が国に生きる日本人としての自覚に立ち，平和で民主的な国家及び社会の形成者として必要な道徳性を養うことに関するものである。「Ｄ　主として生命や自然，崇高なものとの関わりに関すること」は，自己を生命や自然，美しいもの，気高いもの，崇高なものとの関わりにおいて捉え，人間としての自覚を深めることに関するものである。

この四つの視点は，相互に深い関連をもっている。例えば，自律的な人間であるためには，Ａの視点の内容が基盤となって，他の三つの視点の内容に関わり，再びＡの視点に戻ることが必要になる。また，Ｂの視点の内容が基盤となってＣの視点の内容に発展する。さらに，Ａ及びＢの視点から自己の在り方を深く自覚すると，Ｄの視点がより重要になる。そして，Ｄの視点からＣの視点の内容を捉えることにより，その理解は一層深められる。

したがって，各学年段階においては，このような関連を考慮しながら，四つの

視点に含まれる全ての内容項目について適切に指導しなければならない。

### (3) 児童の発達的特質に応じた内容構成の重点化

道徳科の内容項目は，「第１学年及び第２学年」が 19 項目，「第３学年及び第４学年」が 20 項目，「第５学年及び第６学年」が 22 項目にまとめられている。

これは本来，人間としてよりよく生きる上で必要な道徳的価値はいずれの発達の段階においても必要なものではあるが，小学校の６学年間及び中学校の３学年間を視野に入れ，児童の道徳的価値を認識できる能力の程度や社会認識の広がり，生活技術の習熟度及び発達の段階などを考慮し，最も指導の適時性のある内容項目を学年段階ごとに精選し，重点的に示したものである。したがって，各学年段階の指導においては，常に全体の構成や発展性を考慮して指導していくことが大切である。



なお，指導する学年段階に示されてはいない内容項目について指導の必要があるときは，他の学年段階に示す内容項目を踏まえた指導や，その学年段階の他の関連の強い内容項目に関わらせた指導などについて考えることが重要である。また，以上の趣旨を踏まえた上で，特に必要な場合は，他の学年段階の内容項目を加えることはできるが，当該学年段階の内容項目の指導を全体にわたって十分に行うよう配慮する必要がある。

## 2　内容の取扱い方

第２に示す内容項目は，関連的，発展的に捉え，年間指導計画の作成や指導に際して重点的な扱いを工夫することで，その効果を高めることができる。

### (1) 関連的，発展的な取扱いの工夫

ア　関連性をもたせる

具体的な状況で道徳的行為がなされる場合，「第２　内容」に示されている一つの内容項目だけが単独に作用するということはほとんどない。そこでは，ある内容項目を中心として，幾つかの内容項目が関連し合っている。例えば「第５学年及び第６学年」の場合であれば，「礼儀」の「時と場をわきまえて，礼儀正しく真心をもって接すること」のためには，「親切，思いやり」の「誰に対しても思いやりの心をもち，相手の立場に立って親切にすること」が必要であるし，また，「勤労，公共の精神」の「働くことや社会に奉仕することの充実感を味わうとともに，その意義を理解し，公共のために役に立つことをすること」は，「感謝」の「日々の生活

が家族や過去からの多くの人々の支え合いや助け合いで成り立っていることに感謝し，それに応えること」と密接に関わっている。

道徳科の指導に当たっては，内容項目間の関連を十分に考慮したり，指導の順序を工夫したりして，児童の実態に応じた適切な指導を行うことが大切である。そして，各学年段階を通して，全部の内容項目が調和的に関わり合いながら，児童の道徳性が養われるように工夫する必要がある。

イ　発展性を考慮する

「第１学年及び第２学年」と「第３学年及び第４学年」の内容項目は，全てが「第５学年及び第６学年」の内容に発展されるように構成されている。

例えば，「家族愛，家庭生活の充実」に関する内容項目については，第１学年から第６学年まで一貫して父母，祖父母を敬愛する態度を養い，「第１学年及び第２学年」では「進んで家の手伝いなどをして，家族の役に立つこと」，「第３学年及び第４学年」では，「家族みんなで協力し合って楽しい家庭をつくること」，「第５学年及び第６学年」では，「家族の幸せを求めて，進んで役に立つことをすること」を強調している。このように，児童の発達の段階に応じて，家族との関わりを徐々に深めて，家庭を担うものとして自覚ある行動ができるよう発展的に内容項目を示している。

６学年間を見通した発展性を十分に配慮した計画の下に，各学年段階において重点化されている内容項目を適切に指導することが大切である。



### (2) 各学校における重点的指導の工夫

各学校においては，児童や学校の実態などを考慮して道徳教育の目標を設定し，重点的な指導を工夫することが大切である。重点的指導とは，各学年段階で重点化されている内容項目や学校として重点的に指導したい内容項目をその中から選び，教育活動全体を通じた道徳教育において具体的な指導を行うことである。

道徳科においては，各学年段階の内容項目について２学年間を見通した重点的指導を工夫することが大切である。そのためには，道徳科の年間指導計画の作成において，当該の学年段階に示される内容項目全体の指導を考慮しながら，重点的に指導しようとする内容項目についての扱いを工夫しなければならない。例えば，その内容項目に関する指導について年間の授業時数を多く取ることや，一つの内容項目を何回かに分けて指導すること，幾つかの内容項目を関連付けて指導することなどが考えられる。このような工夫を通して，より児童の実態に応じた適切な指導を行う必要がある。

## 第2節　内容項目の指導の観点

「第2　内容」の学年段階ごとに示されている内容項目は，その全てが道徳科を要として学校の教育活動全体を通じて行われる道徳教育における学習の基本となるものである。それぞれの内容項目の発展性や特質及び児童の発達の段階などを全体にわたって理解し，児童が主体的に道徳性を養うことができるようにしていく必要がある。

| | 小学校第１学年及び第２学年（19） | 小学校第３学年及び第４学年（20） |
|---|---|---|
| A　主として自分自身に関すること | | |
| 善悪の判断，自律，自由と責任 | (1) よいことと悪いこととの区別をし，よいと思うことを進んで行うこと。 | (1) 正しいと判断したことは，自信をもって行うこと。 |
| 正直，誠実 | (2) うそをついたりごまかしをしたりしないで，素直に伸び伸びと生活すること。 | (2) 過ちは素直に改め，正直に明るい心で生活すること。 |
| 節度，節制 | (3) 健康や安全に気を付け，物や金銭を大切にし，身の回りを整え，わがままをしないで，規則正しい生活をすること。 | (3) 自分でできることは自分でやり，安全に気を付け，よく考えて行動し，節度のある生活をすること。 |
| 個性の伸長 | (4) 自分の特徴に気付くこと。 | (4) 自分の特徴に気付き，長所を伸ばすこと。 |
| 希望と勇気，努力と強い意志 | (5) 自分のやるべき勉強や仕事をしっかりと行うこと。 | (5) 自分でやろうと決めた目標に向かって，強い意志をもち，粘り強くやり抜くこと。 |
| 真理の探究 | | |
| B　主として人との関わりに関すること | | |
| 親切，思いやり | (6) 身近にいる人に温かい心で接し，親切にすること。 | (6) 相手のことを思いやり，進んで親切にすること。 |
| 感謝 | (7) 家族など日頃世話になっている人々に感謝すること。 | (7) 家族など生活を支えてくれている人々や現在の生活を築いてくれた高齢者に，尊敬と感謝の気持ちをもって接すること。 |
| 礼儀 | (8) 気持ちのよい挨拶，言葉遣い，動作などに心掛けて，明るく接すること。 | (8) 礼儀の大切さを知り，誰に対しても真心をもって接すること。 |
| 友情，信頼 | (9) 友達と仲よくし，助け合うこと。 | (9) 友達と互いに理解し，信頼し，助け合うこと。 |
| 相互理解，寛容 | | (10) 自分の考えや意見を相手に伝えるとともに，相手のことを理解し，自分と異なる意見も大切にすること。 |
| C　主として集団や社会との関わりに関すること | | |
| 規則の尊重 | (10) 約束やきまりを守り，みんなが使う物を大切にすること。 | (11) 約束や社会のきまりの意義を理解し，それらを守ること。 |
| 公正，公平，社会正義 | (11) 自分の好き嫌いにとらわれないで接すること。 | (12) 誰に対しても分け隔てをせず，公正，公平な態度で接すること。 |
| 勤労，公共の精神 | (12) 働くことのよさを知り，みんなのために働くこと。 | (13) 働くことの大切さを知り，進んでみんなのために働くこと。 |
| 家族愛，家庭生活の充実 | (13) 父母，祖父母を敬愛し，進んで家の手伝いなどをして，家族の役に立つこと。 | (14) 父母，祖父母を敬愛し，家族みんなで協力し合って楽しい家庭をつくること。 |
| よりよい学校生活，集団生活の充実 | (14) 先生を敬愛し，学校の人々に親しんで，学級や学校の生活を楽しくすること。 | (15) 先生や学校の人々を敬愛し，みんなで協力し合って楽しい学級や学校をつくること。 |
| 伝統と文化の尊重，国や郷土を愛する態度 | (15) 我が国や郷土の文化と生活に親しみ，愛着をもつこと。 | (16) 我が国や郷土の伝統と文化を大切にし，国や郷土を愛する心をもつこと。 |
| 国際理解，国際親善 | (16) 他国の人々や文化に親しむこと。 | (17) 他国の人々や文化に親しみ，関心をもつこと。 |
| D　主として生命や自然，崇高なものとの関わりに関すること | | |
| 生命の尊さ | (17) 生きることのすばらしさを知り，生命を大切にすること。 | (18) 生命の尊さを知り，生命あるものを大切にすること。 |
| 自然愛護 | (18) 身近な自然に親しみ，動植物に優しい心で接すること。 | (19) 自然のすばらしさや不思議さを感じ取り，自然や動植物を大切にすること。 |
| 感動，畏敬の念 | (19) 美しいものに触れ，すがすがしい心をもつこと。 | (20) 美しいものや気高いものに感動する心をもつこと。 |
| よりよく生きる喜び | | |

以下では，その際，特に留意すべき事柄や，児童の実態等に応じて指導をする際に参考としたい考え方等について整理している。

なお，内容の記述に当たっては，その内容項目を概観するとともに，内容項目の全体像を把握することにも資するよう，その内容を端的に表す言葉を付記したものを見出しにして，内容項目ごとの概要，学年段階ごとの指導の要点を示している。また，参考として関連する中学校の内容項目についても示している。

| 小学校第５学年及び第６学年（22） | 中学校（22） | |
|---|---|---|
| A　主として自分自身に関すること | | |
| (1) 自由を大切にし，自律的に判断し，責任のある行動をすること。 | (1) 自律の精神を重んじ，自主的に考え，判断し，誠実に実行してその結果に責任をもつこと。 | 自主，自律，自由と責任 |
| (2) 誠実に，明るい心で生活すること。 | | |
| (3) 安全に気を付けることや，生活習慣の大切さについて理解し，自分の生活を見直し，節度を守り節制に心掛けること。 | (2) 望ましい生活習慣を身に付け，心身の健康の増進を図り，節度を守り節制に心掛け，安全で調和のある生活をすること。 | 節度，節制 |
| (4) 自分の特徴を知って，短所を改め長所を伸ばすこと。 | (3) 自己を見つめ，自己の向上を図るとともに，個性を伸ばして充実した生き方を追求すること。 | 向上心，個性の伸長 |
| (5) より高い目標を立て，希望と勇気をもち，困難があってもくじけずに努力して物事をやり抜くこと。 | (4) より高い目標を設定し，その達成を目指し，希望と勇気をもち，困難や失敗を乗り越えて着実にやり遂げること。 | 希望と勇気，克己と強い意志 |
| (6) 真理を大切にし，物事を探究しようとする心をもつこと。 | (5) 真実を大切にし，真理を探究して新しいものを生み出そうと努めること。 | 真理の探究，創造 |
| B　主として人との関わりに関すること | | |
| (7) 誰に対しても思いやりの心をもち，相手の立場に立って親切にすること。 | (6) 思いやりの心をもって人と接するとともに，家族などの支えや多くの人々の善意により日々の生活や現在の自分があることに感謝し，進んでそれに応え，人間愛の精神を深めること。 | 思いやり，感謝 |
| (8) 日々の生活が家族や過去からの多くの人々の支え合いや助け合いで成り立っていることに感謝し，それに応えること。 | | |
| (9) 時と場をわきまえて，礼儀正しく真心をもって接すること。 | (7) 礼儀の意義を理解し，時と場に応じた適切な言動をとること。 | 礼儀 |
| (10) 友達と互いに信頼し，学び合って友情を深め，異性についても理解しながら，人間関係を築いていくこと。 | (8) 友情の尊さを理解して心から信頼できる友達をもち，互いに励まし合い，高め合うとともに，異性についての理解を深め，悩みや葛藤も経験しながら人間関係を深めていくこと。 | 友情，信頼 |
| (11) 自分の考えや意見を相手に伝えるとともに，謙虚な心をもち，広い心で自分と異なる意見や立場を尊重すること。 | (9) 自分の考えや意見を相手に伝えるとともに，それぞれの個性や立場を尊重し，いろいろなものの見方や考え方があることを理解し，寛容の心をもって謙虚に他に学び，自らを高めていくこと。 | 相互理解，寛容 |
| C　主として集団や社会との関わりに関すること | | |
| (12) 法やきまりの意義を理解した上で進んでそれらを守り，自他の権利を大切にし，義務を果たすこと。 | (10) 法やきまりの意義を理解し，それらを進んで守るとともに，そのよりよい在り方について考え，自他の権利を大切にし，義務を果たして，規律ある安定した社会の実現に努めること。 | 遵法精神，公徳心 |
| (13) 誰に対しても差別をすることや偏見をもつことなく，公正，公平な態度で接し，正義の実現に努めること。 | (11) 正義と公正さを重んじ，誰に対しても公平に接し，差別や偏見のない社会の実現に努めること。 | 公正，公平，社会正義 |
| (14) 働くことや社会に奉仕することの充実感を味わうとともに，その意義を理解し，公共のために役に立つことをすること。 | (12) 社会参画の意識と社会連帯の自覚を高め，公共の精神をもってよりよい社会の実現に努めること。 | 社会参画，公共の精神 |
| | (13) 勤労の尊さや意義を理解し，将来の生き方について考えを深め，勤労を通じて社会に貢献すること。 | 勤労 |
| (15) 父母，祖父母を敬愛し，家族の幸せを求めて，進んで役に立つことをすること。 | (14) 父母，祖父母を敬愛し，家族の一員としての自覚をもって充実した家庭生活を築くこと。 | 家族愛，家庭生活の充実 |
| (16) 先生や学校の人々を敬愛し，みんなで協力し合ってよりよい学級や学校をつくるとともに，様々な集団の中での自分の役割を自覚して集団生活の充実に努めること。 | (15) 教師や学校の人々を敬愛し，学級や学校の一員としての自覚をもち，協力し合ってよりよい校風をつくるとともに，様々な集団の意義や集団の中での自分の役割と責任を自覚して集団生活の充実に努めること。 | よりよい学校生活，集団生活の充実 |
| (17) 我が国や郷土の伝統と文化を大切にし，先人の努力を知り，国や郷土を愛する心をもつこと。 | (16) 郷土の伝統と文化を大切にし，社会に尽くした先人や高齢者に尊敬の念を深め，地域社会の一員としての自覚をもって郷土を愛し，進んで郷土の発展に努めること。 | 郷土の伝統と文化の尊重，郷土を愛する態度 |
| | (17) 優れた伝統の継承と新しい文化の創造に貢献するとともに，日本人としての自覚をもって国を愛し，国家及び社会の形成者として，その発展に努めること。 | 我が国の伝統と文化の尊重，国を愛する態度 |
| (18) 他国の人々や文化について理解し，日本人としての自覚をもって国際親善に努めること。 | (18) 世界の中の日本人としての自覚をもち，他国を尊重し，国際的視野に立って，世界の平和と人類の発展に寄与すること。 | 国際理解，国際貢献 |
| D　主として生命や自然，崇高なものとの関わりに関すること | | |
| (19) 生命が多くの生命のつながりの中にあるかけがえのないものであることを理解し，生命を尊重すること。 | (19) 生命の尊さについて，その連続性や有限性なども含めて理解し，かけがえのない生命を尊重すること。 | 生命の尊さ |
| (20) 自然の偉大さを知り，自然環境を大切にすること。 | (20) 自然の崇高さを知り，自然環境を大切にすることの意義を理解し，進んで自然の愛護に努めること。 | 自然愛護 |
| (21) 美しいものや気高いものに感動する心や人間の力を超えたものに対する畏敬の念をもつこと。 | (21) 美しいものや気高いものに感動する心をもち，人間の力を超えたものに対する畏敬の念を深めること。 | 感動，畏敬の念 |
| (22) よりよく生きようとする人間の強さや気高さを理解し，人間として生きる喜びを感じること。 | (22) 人間には自らの弱さや醜さを克服する強さや気高く生きようとする心があることを理解し，人間として生きることに喜びを見いだすこと。 | よりよく生きる喜び |

## A　主として自分自身に関すること

### 1　善悪の判断，自律，自由と責任

〔第１学年及び第２学年〕
　よいことと悪いこととの区別をし，よいと思うことを進んで行うこと。
〔第３学年及び第４学年〕
　正しいと判断したことは，自信をもって行うこと。
〔第５学年及び第６学年〕
　自由を大切にし，自律的に判断し，責任のある行動をすること。

（中学校）
［自主，自律，自由と責任］
　自律の精神を重んじ，自主的に考え，判断し，誠実に実行してその結果に責任をもつこと。

　物事の善悪について的確に判断し，自ら正しいと信じるところに従って主体的に行動すること，自由を大切にするとともに，それに伴う自律性や責任を自覚することに関する内容項目である。

#### (1) 内容項目の概要

　人として行ってよいこと，社会通念として行ってはならないことをしっかりと区別したり，判断したりする力は，児童が幼い時期から徹底して身に付けていくべきものである。それとともに，より積極的で健康的な自己像を描くことができるようにすることが大切である。そのためには，何事にも積極的に取り組む姿勢が必要となるが，その原動力が自らを信じる姿勢であると考えられる。ただし，それは，過信や自分勝手ではなく，よいと思ったり正しいと判断したりすることができる力を伴った自信や自律的な態度でなくてはならない。よいこと，正しいことについて，人に左右されることなく，自ら正しいと信じるところに従って，誠実かつ謙虚に行動することは，人として重要なことである。特に，価値観の多様な社会を主体的に生きる上での基礎を培うために，よいことと悪いこととの区別が的確にできるように指導しておくことは重要である。

　また，自己を高めていくには何物にもとらわれない自由な考えや行動が大切である。自由には，自分で自律的に判断し，行動したことによる自己責任が伴う。自分の自由な意思によっておおらかに生きながらも，そこには内から自覚された責任感の支えによって，自ら信じることに従って，自律的に判断し，実行するという自律性が伴っていなければならない。

### (2) 指導の要点

#### ■ 第１学年及び第２学年

この段階においては，何事にも興味，関心を示し意欲的に行動することが多い反面，まだ集団生活に十分に慣れていないために，引っ込み思案になったり物おじしたりすることも少なくない。

指導に当たっては，積極的に行うべきよいことと，人間としてしてはならないことを正しく区別できる判断力を養うことが大切である。また，よいと思ったことができたときのすがすがしい気持ちを思い起こさせるなどして，小さなことでも遠慮しないで進んで行うことができる意欲と態度を育てる指導を充実していくことが大切である。また，身近な事例を踏まえ，人としてしてはならないことをしないことについて，一貫した方針をもち，毅(き)然とした態度で指導していくことが重要である。

#### ■ 第３学年及び第４学年

この段階においては，児童は様々な学習や生活を通して，正しいことや正しくないことについての判断力が高まってくる。しかし，正しいことと知りつつもそのことをなかなか実行できなかったり，悪いことと知りながらも周囲に流されたり，自分の弱さに負けたりしてしまうこともある。

指導に当たっては，正しいことを行えないときの後ろめたさや，自ら信じることに従って正しいことを行ったときの充実した気持ちを考え，正しいと判断したことは自信をもって行い，正しくないと判断したことは行わないようにする態度を育てる必要がある。特に，正しくないと考えられることを人に勧めないことはもとより，人から勧められたときにきっぱりと断ったり，正しくないと考えられることをしている人を止めたりできるように指導することが大切である。

#### ■ 第５学年及び第６学年

この段階においては，自主的に考え，行動しようとする傾向が強まる時期である。一方で，自由の捉え違いをして相手や周りのことを考えず自分勝手な振る舞いをしてしまうことも見られる。また，自律的で責任のある行動をすることの意味やよさが分かりにくい児童もいる。

指導に当たっては，自由と自分勝手との違いや，自由だからこそできることやそのよさを考えたりして，自由な考えや行動のもつ意味やその大切さを実感できるようにすることが大切である。また，自由に伴う自己責任の大きさについては，自分の意志で考え判断し行動しなければならない場面やその後の影響を考えることなどを通して，多面的・多角的に理解できるようにすることが重要である。そのことが，自らの自律的で責任のある行動についてのよさの理解を一層深めることにつながる。

## 2　正直，誠実

〔第１学年及び第２学年〕
　うそをついたりごまかしをしたりしないで，素直に伸び伸びと生活すること。
〔第３学年及び第４学年〕
　過ちは素直に改め，正直に明るい心で生活すること。
〔第５学年及び第６学年〕
　誠実に，明るい心で生活すること。

（中学校）
［自主，自律，自由と責任］
　自律の精神を重んじ，自主的に考え，判断し，誠実に実行してその結果に責任をもつこと。

　偽りなく真面目に真心を込めて，明るい心で楽しく生活することに関する内容項目である。

### (1) 内容項目の概要

　児童が健康的で積極的に自分らしさを発揮できるようにするためには，自分の気持ちに偽りのないようにすることが求められる。また，自己の過ちを認め，改めていく素直さとともに，何事に対しても真面目に真心を込めて，明るく楽しい生活を心掛けようとする姿勢をもつことが大切である。

　過ちや失敗は誰にも起こり得ることである。そのときに，ともするとそのことで自分自身が責められたり，不利な立場に立たされたりすることを回避しようとしてうそを言ったり，ごまかしをしたりすることがある。しかし，そのような振る舞いはあくまでも一時しのぎに過ぎず，真の解決には至らない。このことによって，他者の信頼を失うばかりか，自分自身の中に後悔や自責の念，強い良心の呵責（かしゃく）などが生じる。

　それらを乗り越えようとすることが正直な心であり，自分自身に対する真面目さであり，伸び伸びと過ごそうとする心のすがすがしい明るさでもある。このような誠実な生き方を大切にする心を育てていくことが重要である。

### (2) 指導の要点

#### ■ 第１学年及び第２学年

この段階においては，発達的特質から，特に自分自身の言動を他者から叱られたり笑われたりすることから逃れようとする気持ちが働くことが少なくない。そのために，うそを言ったりごまかしをしたりして暗い心になることが見受けられる。いけないことをしてしまったときには素直にその非を認め，あやまることができるとともに，人の失敗を責めたり笑ったりしないようにし，正直で素直に伸び伸びと生活できる態度を養うようにすることが求められる。

指導に当たっては，うそやごまかしをしないで明るい心で楽しく生活することの大切さを押さえておくことは，児童が成長の過程で健康的な自己像を確立していくためにも大切なことである。

#### ■ 第３学年及び第４学年

この段階においては，特に他者に対してうそを言ったりごまかしをしたりしないことに加えて，そのことが自分自身をも偽ることにつながることに気付かせることが求められる。その上で，正直であることの快適さを自覚できるようにすることが大切である。さらに，過ちを犯したときには素直に反省し，そのことを正直に伝えるなどして改めようとする気持ちを育むことも求められる。このことは，たとえ仲の良い仲間集団の中にあっても，周囲に安易に流されない強い心を養う要ともなる。

指導に当たっては，正直であるからこそ，明るい心で伸び伸びとした生活が実現できることを理解し，この段階の活動的な特徴を生かしながら，児童それぞれが元気よく生活できるようにしていくことが望まれる。

#### ■ 第５学年及び第６学年

この段階においては，自分自身に対する誠実さがより一層求められる。特にその誠実さが自分の内面を満たすだけではなく，例えば，他の人の受け止めを過度に意識することなく，自分自身に誠実に生きようとする気持ちが外に向けても発揮されるように配慮する必要がある。そのことが，より明るい心となって行動にも表れ，真面目さを前向きに受け止めた生活を大切にすることで自己を向上させることや自信にもつながっていく。

指導に当たっては，一人一人の誠実な生き方を大切にしながら，みんなと楽しい生活ができるようにしていくことが大切である。一方で，よくないことと知りつつも自分の意に反して周囲に流されてしまうことや傍観者として過ごしてしまうことは，決して心地のよいものではなく，後ろめたさから，誇りや自信を失ってしまうことにつながることを考えられるように指導することが必要である。

### 3　節度，節制

〔第１学年及び第２学年〕
　健康や安全に気を付け，物や金銭を大切にし，身の回りを整え，わがままをしないで，規則正しい生活をすること。
〔第３学年及び第４学年〕
　自分でできることは自分でやり，安全に気を付け，よく考えて行動し，節度のある生活をすること。
〔第５学年及び第６学年〕
　安全に気を付けることや，生活習慣の大切さについて理解し，自分の生活を見直し，節度を守り節制に心掛けること。

（中学校）
［節度，節制］
　望ましい生活習慣を身に付け，心身の健康の増進を図り，節度を守り節制に心掛け，安全で調和のある生活をすること。



健康や安全に気を付け自立した生活ができるようにするための基本的な生活習慣を身に付けること，節度をもって節制を心掛けた生活を送ることに関する内容項目である。

#### (1) 内容項目の概要

この内容項目には二つの要点が含まれている。一つは，基本的な生活習慣に関わることである。基本的な生活習慣は，人間として最も基礎的かつ日常的な行動の在り方であると言われている。それらは，人の生涯にわたってあらゆる行為の基盤となり，充実した生活を送る上で欠くことのできないものとなる。基本的な生活習慣は，主として家庭で身に付けることが望ましいものもあるが，特に学校で指導すべき内容として，例えば，健康に関することとして身体や衣服の清潔，洗面・歯磨きなどが考えられる。また，安全に関することとしては，交通事故及び犯罪や自然災害から身を守ることや危機管理などがある。さらに，規則正しくきまりよい生活に関することとしては，物や金銭の活用，時間の尊重，身の回りの整理整頓などが挙げられる。

二つは，進んで自分の生活を見直し，自分の置かれた状況について思慮深く考えながら自らを節制し，程よい生活をしていくことである。自己の確立にとって，自分を客観的に見つめ，自分の現状を内省することは不可欠な要素である。また，このことは，自分や他の人の快適な生活を守ることに大いにつながっていることも自覚させる必要がある。

### (2) 指導の要点

#### ■　第１学年及び第２学年

この段階においては，児童の日常生活における行動を通して，周囲に対する気配りや思いやりをもち互いの健康に心掛け，安全のきまりを守ってそれを実践すること，物の価値を認識させるために，物は多くの人の努力と勤労によって作られていること，金銭の価値についても正しく理解させ物を大切にできるようにすること，身の回りを整えて気持ちのよい生活ができるようにすることなどの具体的な指導を進める必要がある。

指導に当たっては，時刻を守り時間を大切にすることや，生活に一定のリズムを与え，わがままをしない規則正しい生活が自分にとって大切なことであり，そのような生活が快適な毎日を送ることにつながることに気付かせ，基本的な生活習慣を確実に身に付けることができるように繰り返し指導する必要がある。

#### ■　第３学年及び第４学年

この段階においては，自分でできることは自分で行うこと，身の回りの安全に気を付けて行動すること，他の人から言われるのではなく，自分自身で考えて度を過ごすことなく，節度のある生活のよさを考えることができるよう，生活における自立を重視した指導を進めることが大切である。

指導に当たっては，適宜，自分でできることを考えさせるようにすることが求められる。また，低学年の内容として示されていた基本的な生活習慣に関する具体的な事項については，この段階では内容の表現上は省略されているが，児童の状況に応じて適宜，継続的に指導していく必要がある。

#### ■　第５学年及び第６学年

この段階では，危険から身を守り，自分だけでなく周囲の人々の安全にも気を付けることを指導することが求められる。

基本的な生活習慣については，その意義を理解しておおむね身に付けていることが期待されるが，ともすると不規則な生活によって体調を崩したり，集中力を欠いたりする児童が少なくないことも指摘されている。

指導に当たっては，基本的な生活習慣は心身の健康を維持増進し，活力のある生活を支えるものであることへの理解を一層深めるようにする必要がある。また，児童一人一人が自分の生活を振り返り，改善すべき点などについて進んで見直しながら，望ましい生活習慣を積極的に築くとともに，自ら節度を守り節制に心掛けるように継続的に指導することが求められる。

## 4　個性の伸長

〔第１学年及び第２学年〕
　自分の特徴に気付くこと。
〔第３学年及び第４学年〕
　自分の特徴に気付き，長所を伸ばすこと。
〔第５学年及び第６学年〕
　自分の特徴を知って，短所を改め長所を伸ばすこと。

（中学校）
［向上心，個性の伸長］
　自己を見つめ，自己の向上を図るとともに，個性を伸ばして充実した生き方を追求すること。



個性の伸長を図るために積極的に自分の長所を伸ばし，短所を改めることに関する内容項目である。

### (1) 内容項目の概要

個性とは，個人特有の特徴や性格であると言われている。個性の伸長は，自分のよさを生かし更にそれを伸ばし，自分らしさを発揮しながら調和のとれた自己を形成していくことである。児童が自分らしい生活や生き方について考えを深めていく視点からも，将来にわたって自己実現を果たせるようにするためにも重視されなければならない内容である。

また，この内容における特徴とは，他者と比較して特に自分の目立つ点と捉えている。それは，長所だけではなく短所も含むものである。自分の特徴をよい方向へ伸ばしていけばそれは長所となり，苦手なこととして改善を図らなければ短所となることもある。したがって，自分の特徴を知るということは，その両面を見いだすことと言える。自分のよさは自分自身では分からないことが少なくない。他者から指摘されて気付いたり実感したりすることも多い。具体的には，自分を取り巻く人々や学校での友人などとの関わりを通して徐々に気付いていったりもする。長所と思われる特徴をよい方向へ伸ばし続けていると，そこからまた別の長所が生まれてくることもある。個性の伸長に関わる指導を行う際には，長所を伸ばすように促すことはもちろんであるが，短所についてもしっかりと受け止め，努力によって望ましい方向へ改め，自分のよさを一層生かし更にそれを伸ばしていけるように配慮することが大切である。

### (2) 指導の要点

■　第１学年及び第２学年

この時期の児童は発達の段階から，自分自身を客観視することが十分にできるとは言えない。児童が自分の特徴に気付く契機となるのは，他者からの評価によることがほとんどである。ほめられてうれしかったことが，自分のよさや長所につながることに気付いたり，叱られて注意されたことが，短所につながることに気付いたりすることがある。このような他者との関係によって自分の特徴を知ることになるが，児童がそのことを自身で実感することによって，自分の特徴への気付きがより確かなものになる。

指導に当たっては，児童の長所を積極的に認め，励まし，児童自身が具体的な場面で芽生えてくる自分の長所にできるだけ多く気付き，実感していけるようにすることが，よさを伸ばすことにつながっていく。

■　第３学年及び第４学年

この段階における自分の特徴に気付くということは，自分の長所だけでなく短所についても気付くことであり，特徴を多面的に捉えることである。その上で，自分の特徴である長所の部分を更に伸ばしていきながら，自分の個性に気付くようにすることが求められる。そのためには，児童が視野を広げ，他の人々の多様な個性や生き方に触れ，憧れや希望を抱ける多様な場面や機会を生かしていけるようにする。そのような中で自分の特徴に気付くようにしたり，長所を伸ばしていこうと考えられるようにしたりする。

指導に当たっては，友達など他者との交流の中で互いを認め合い，自己を高め合える場を設定したりして，長所を伸ばそうとする意欲を引き出すことが大切である。

■　第５学年及び第６学年

この段階においては，自己の生き方を見つめ，自分の特徴を多面的・多角的に捉えることが必要である。そうすることにより，自分自身の長所と短所の両面が見えてくる。その際，まず，自分が気付いた長所に目を向けて現状を維持し続けることの大切さや，更に積極的に長所を伸ばそうとする態度を育てる必要がある。そして同時に自分の短所などもしっかり見極め，短所も自分の特徴の一側面であることを踏まえ，それを課題として改善していく努力も重ねつつ，自分自身を伸ばしていくことが大切である。また，自己を振り返って改めるところは改め，自己を高めようとする意欲や態度は，継続されなければ将来にわたっての自己実現とはならず，本当の個性にはなっていかない。

指導に当たっては，このことをよく理解し，具体的な実践を試みることができるようにすることも重要である。

### 5　希望と勇気，努力と強い意志

〔第１学年及び第２学年〕
　自分のやるべき勉強や仕事をしっかりと行うこと。
〔第３学年及び第４学年〕
　自分でやろうと決めた目標に向かって，強い意志をもち，粘り強くやり抜くこと。
〔第５学年及び第６学年〕
　より高い目標を立て，希望と勇気をもち，困難があってもくじけずに努力して物事をやり抜くこと。

（中学校）
［希望と勇気，克己と強い意志］
　より高い目標を設定し，その達成を目指し，希望と勇気をもち，困難や失敗を乗り越えて着実にやり遂げること。



　自分の目標をもって，勤勉に，くじけず努力し，自分を向上させることに関する内容項目である。

#### (1) 内容項目の概要

　児童が一人の人間として自立し，よりよく生きていくためには，常に自分自身を高めていこうとする意欲をもつことが大切である。そのためには，自分の目標をもってその達成に向けて粘り強く努力するとともに，やるべきことはしっかりとやり抜く忍耐力を養うことが求められる。
　こうしたことは，ただ漫然と努力するのではなく，自分に適した目標を設定し，見通しをもってよりよい自己を実現しようとする向上心と結び付いてこそ，前向きな自己の生き方が自覚できるようになる。そのためにも，児童がより高い目標を立てたり，その実現を目指して自分としての夢や希望を掲げたりすることが大切である。自分の目標に向かって，勇気をもって困難や失敗を乗り越え，努力することができるようにすることが重要である。

#### (2) 指導の要点

■　第１学年及び第２学年

　この段階においては，何事も好奇心をもって行おうとする。やらなければならないことを素直に受け入れることが多いと言われる。また，興味・関心のあることについては，意欲的に取り組むものの，好き嫌いで物事を判断し，つらいことや苦しいことがあるとくじけてしまう傾向がある。この時期のやらなければならないことには，家族や教師から言われたことが多いが，やるべきことをしっかり行うことは，自分自身を高めていく上で大切であり，児童が主体的に取り組んでいくようにする必要がある。

指導に当たっては，自分のやるべき勉強や仕事にはどのようなものがあり，しっかり行うことの意義を自覚させる必要がある。また，家族や教師の励ましや賞賛，適切な助言などの下に，自分がやるべき勉強や仕事を，自分がやるべきこととしてしっかりと行うことができるよう指導することが大切である。やり遂げたときの喜びや充実感を味わい，努力した自分に気付くことができるように指導することが大切である。

■ **第３学年及び第４学年**

この段階においては，勉強や運動だけでなく，様々なことに興味・関心を広げ，活動的になる。自分の好きなことに対しては，自ら目標を立て，継続して取り組むようになり，計画的に努力する構えも身に付いていく。その反面，つらいことや苦しいことがあると，途中であきらめてしまうこともある。そこで，自分がやらなければならないことだけではなく，更に自主性を発揮し，自分でやろうと決めた目標に向かって強い意志をもって，粘り強くやり遂げる精神を育てることが大切になる。

指導に当たっては，目標を立て，あきらめずに粘り強くやり抜く強い意志が必要であることや苦しくて途中であきらめてしまう人間の弱さ，今よりよくなりたいという願い，努力しようとする姿について考えを深めていくことが求められる。目標を実現するためには，自分自身の努力だけでなく，家族や教師など，周り人の励ましや賞賛があることに気付き，粘り強く努力しようとする態度を育てることが大切である。

■ **第５学年及び第６学年**

この段階は，児童がそれぞれに高い理想を追い求める時期と言われる。先人や著名人の生き方に触れる機会が多くなり，その生き方に憧れたり，自分の夢や希望を膨らませたりする。一方，自分自身に自信がもてなかったり，思うように結果が出なかったりして，夢と現実との違いを意識することもある。このような時期であるからこそ，様々な生き方への関心を高めるとともに，自己の向上のためにより高い目標を設定し，その達成を目指して希望と勇気をもち，困難があってもくじけずに努力しようとする強い意志と実行力を育てる必要がある。

指導に当たっては，苦しくてもくじけずに努力して物事をやり抜き，失敗を重ねながら夢を実現した人に触れ，希望をもつことの大切さや，希望をもつが故に直面する困難を乗り越える人間の強さについて考えることを通して，児童の中により積極的で前向きな自己像が形成されるようにすることが大切である。

## 6　真理の探究

〔第５学年及び第６学年〕
真理を大切にし，物事を探究しようとする心をもつこと。

（中学校）
［真理の探究，創造］
真実を大切にし，真理を探究して新しいものを生み出そうと努めること。

自己をより創造的に発展させ，科学的な探究心とともに，物事を合理的に考え，真理を大切にしようとすることに関する内容項目である。



### (1) 内容項目の概要

真理とは，誰も否定することのできない普遍的で妥当性のある物事の筋道，道理を指している。いかなる時代においても，人間としてよりよく生きていくためには，真理を大切にして，積極的に新しいものを求め，生活を工夫していこうとする心を育てることが大切である。

児童は，知らないことを知りたいという欲求をもっている。しかし，物事への興味・関心が薄れ，自分の意志や判断に基づいて探究しようとせずに他者の力に頼ろうとする受け身的な傾向が見られることもある。児童が疑問を大事にし，物事のわけをよく考えたり確かめたりして，個性ある考え方が認められるような経験を積み重ねることが重要であり，そのような中で，真理を愛する心や，生活を改善していこうとする態度が育まれると考えられる。特に，変化の激しい今日の社会においては，主体性をもって柔軟に物事に対応し，科学的な探究心を育て，新たな自己をつくっていくことが求められる。

例えば，真理を探究して社会や学問，科学の進展に貢献した人々の生き方に学んだり，生活の中にある便利なことがどのようなきっかけで生まれたのかを調べてみたり，生活をよりよくするためのアイディアを考えたりすることが大切である。このように，日々の生活の中に目を向けさせ，様々な見方や考え方を大事にしながら，真理を大切にした探究心を育てることは，将来の夢や理想を実現する大きな原動力となる。

なお，このような探究心は，例えば，第１学年及び第２学年の段階においては「よいことと悪いこととの区別をし，よいと思うことを進んで行うこと」，第３学年及び第４学年の段階においては「正しいと判断したことは，自信をもって行うこと」などに関する指導でも育まれている。

### (2) 指導の要点

■ 第５学年及び第６学年

この段階においては，児童は自己のよりよい成長を目指そうとする反面，次第にやすきに流れて現状に甘える傾向も見せるようになる。そのような状況を乗り越えて物事の真の姿を見極めようとする意欲を高め，児童の感じ方や考え方をより創造的で可能性に富むものにしていかなければならない。

一般に，科学的な真理や構造は，個々の具体的な自然現象や社会現象の背景にあるものであり，物事を探究しようとする心は，何もないところから突然生まれるものではなく，児童の日常生活の中で生じる小さな好奇心，疑問や分からないことへの興味，関心から徐々に育まれるものである。また，その探究心は，疑問に思ったことや分からないことをそのままにしておくことではなく，真理を大切にし，真理を追い求めることによって確かなものとなる。

指導に当たっては，真理を求める態度を大切にし，物事の本質を見極めようとする知的な活動を通して興味や関心を刺激し，探究する意欲を喚起させることが大切である。そのためには，物事を多面的・多角的に見ようとする開かれた心をもって，疑問を探究し続けることの大切さを実感させることである。また，生活の中で思い付いたことをそのままにすることなく，自分の生活を少しでもよりよくしていくために工夫していこうとする心を育てることが，新たな見方や考え方の発見や創造につながる。このように日々の生活の充実とその指導を通して，将来の夢や理想を実現することにつながっていく。

## B　主として人との関わりに関すること

### 7　親切，思いやり

〔第１学年及び第２学年〕
　身近にいる人に温かい心で接し，親切にすること。
〔第３学年及び第４学年〕
　相手のことを思いやり，進んで親切にすること。
〔第５学年及び第６学年〕
　誰に対しても思いやりの心をもち，相手の立場に立って親切にすること。

（中学校）
［思いやり，感謝］
　思いやりの心をもって人と接するとともに，家族などの支えや多くの人々の善意により日々の生活や現在の自分があることに感謝し，進んでそれに応え，人間愛の精神を深めること。

よりよい人間関係を築く上で求められる基本的姿勢として，相手に対する思いやりの心をもち親切にすることに関する内容項目である。

#### (1) 内容項目の概要

自分のことばかりを考えたり，自分の思いだけを主張したりしていては望ましい人間関係を構築することはできない。互いが相手に対して思いやりの心をもって接するようにすることが不可欠である。思いやりとは，相手の気持ちや立場を自分のことに置き換えて推し量り，相手に対してよかれと思う気持ちを相手に向けることである。そのためには，相手の存在を受け入れ，相手のよさを見いだそうとする姿勢が求められる。具体的には，相手の立場を考えたり相手の気持ちを想像したりすることを通して励ましや援助をすることである。また，単に手を差し伸べることだけではなく，時には相手のことを考えて温かく見守ることも親切な行為としての表れである。相手のことを親身になって考えようとする態度を育てることが期待される。

特に学校生活においては，学校の人々や友達など様々な人と直接的に多様な関わり合いをもてるようにすることが求められる。その上で，相手の立場を考えたり，相手の気持ちを思いやったりすることを通して，思いやりや親切な行為の意義を実感できる機会をつくっていくことが重要である。

### (2) 指導の要点

#### ■ 第１学年及び第２学年

この段階においては，家族だけでなく家の周りの人や学校の人々，友達などとの関わりが次第に増えてくる。発達的特質から自分中心の考え方をすることが多いが，様々な人々との関わりの中から，相手の考えや気持ちに気付くことができるようになる。

指導に当たっては，幼い人や高齢者，友達など身近にいる人に広く目を向けて，温かい心で接し，親切にすることの大切さについて考えを深められるようにすることが必要である。そして，身近にいる様々な人々との触れ合いの中で，相手のことを考え，優しく接することができるようにすることが求められる。また，その結果として相手の喜びを自分の喜びとして受け入れられるようにし，具体的に親切な行為ができるようにすることが大切である。

#### ■ 第３学年及び第４学年

この段階においては，学校生活を中心として友達同士の交流が活発になるとともに，活動範囲も広がってくる。様々な人々との関わりが次第に増えていく中で，相手の気持ちを察したり，相手の気持ちをより深く理解したりすることができるようになる。一方，ともすると他の人々の感じ方や考え方が自分たちの感じ方や考え方と同様であると思い込みがちになることもこの時期の特徴と言われている。そのため，相手に対する思いやりの心を育てることが一層重要になる。

指導に当たっては，相手の置かれている状況，困っていること，大変な思いをしていること，悲しい気持ちでいることなどを自分のこととして想像することによって相手のことを考え，親切な行為を自ら進んで行うことができるようにしていくことが大切である。

#### ■ 第５学年及び第６学年

この段階においては，自他を客観的に捉えることができるようになってくる。そのため，相手の置かれている状況を自分自身に置き換えて想像できるようになる。また，家の周囲や学校といった狭い範囲だけでなく，地域社会における公共の場所など活動範囲がより一層広がり，より多様な人々と接する機会が多くなってくる。

指導に当たっては，特に相手の立場に立つことを強調する必要があり，自分自身が相手に対してどのように接し，対処することが相手のためになるのかをよく考えた言動が求められる。また，人間関係の深さの違いや意見の相違などを乗り越え，思いやりの心とそれが伴った親切な行為を，児童が接する全ての人に広げていくことも大切である。そのためには，児童が多様な人々と触れ合い，助け合って何かをするような機会を増やすとともに，それらの体験を生かし，思いやりの心をもつことの大切さについて深く考えられるように工夫する必要がある。

### 8　感謝

〔第１学年及び第２学年〕
　家族など日頃世話になっている人々に感謝すること。
〔第３学年及び第４学年〕
　家族など生活を支えてくれている人々や現在の生活を築いてくれた高齢者に，尊敬と感謝の気持ちをもって接すること。
〔第５学年及び第６学年〕
　日々の生活が家族や過去からの多くの人々の支え合いや助け合いで成り立っていることに感謝し，それに応えること。

（中学校）
［思いやり，感謝］
　思いやりの心をもって人と接するとともに，家族などの支えや多くの人々の善意により日々の生活や現在の自分があることに感謝し，進んでそれに応え，人間愛の精神を深めること。



　自分の日々の生活は多くの人々の支えがあることを考え，広く人々に尊敬と感謝の念をもつことに関する内容項目である。

#### (1) 内容項目の概要

　よい人間関係を築くためには，互いを認め合うことが大切であるが，その根底には，相手に対する尊敬と感謝の念が必要である。人々に支えられ助けられて自分が存在するという認識に立つとき，相互に尊敬と感謝の念が生まれてくる。そして，それは，日々の生活，あるいは自分が存在することに対する感謝へと広がる。感謝の気持ちは，人が自分のためにしてくれている事柄に気付くこと，それはどのような思いでしてくれているのかを知ることで芽生え，育まれる。
　このことから，身近な人々から見えないところで日々の生活を支えてくれる人々まで，成長とともに，尊敬と感謝の念が広がっていくよう指導することが大切になる。自分たちの生活が，多くの人々に支えられ助けられて成り立っていることへの気付きが，自分も人々や公共のために役に立とうとする心情や態度につながるよう指導を深めていくことが大切になる。

#### (2) 指導の要点

■　**第１学年及び第２学年**

　この段階においては，日常の指導などで，家庭や学校など，身近で日頃世話になっている人々の存在に気付かせることが大切である。誰かに自分の世話をしてもらうことを当たり前のように感じていることもある。家族や学校，地域社会で多くの人が児童のためを思って支えている。その人々が自分に寄せてくれた善意について考え，そのときに自分が感じた感謝の念について改めて考えるようにすることが大切である。

指導に当たっては，感謝の対象や具体的な内容を教師が適切に示す必要がある。世話をしてくれる人々の善意に気付き，感謝する気持ちを具体的な言葉に表し，行動に表す指導が求められる。

### ■ 第３学年及び第４学年

この段階においては，感謝する対象を家族など日頃世話になっている身近な人々に加え，日常の生活を支えている地域の人々や，現在の生活の礎を築いた高齢者などの先達へと広げるようにすることが求められる。自分たちの安心で安全な生活の実現のために働く人々や，現在の自分たちの生活を築き，大切なものを守り伝えてきたり，発展・向上のために尽力してきたり，努力を重ねてきたりした高齢者などの先達の存在に気付き，その人々によって生活が支えられていることについて考えを深めさせることが大切である。

指導に当たっては，自分の生活を支えてくれる人の思いを考え，その人たちの存在意義に対する理解を深め，尊敬と感謝の念をもって接することができるようにすることが大切である。

### ■ 第５学年及び第６学年

この段階においては，感謝の対象が人のみならず，多くの人々の支え合いや助け合いで成り立っている日々の生活そのもの，更にはそのような中で自分が生きていることに対する感謝にまで広げることが必要である。この時期の児童は，自分の日々の生活だけでなく，更に広い視野で尊敬し感謝する対象に気付き，そのことに対してどのように感じているのか，思いを深められるようになる。家族や町の安全と繁栄を願い町会等で活動する人々や火災や大規模災害発生時に自宅や職場から現場へ駆けつけ，その地域での経験を生かした消火活動・救助活動を行う消防団の人々，人の苦しみや悲しみに寄り添ったり，人の楽しみや安らぎのために働いたりするボランティア活動をする人々など，支え合い，助け合おうとする善意による人々の活動がある。

指導に当たっては，過去から，人々が何を願い，何を残し伝えてきたのか，それは自分の生活とどう関わり，支えられているのかに気付くことができるようにすることが大切である。支え合い助け合おうとする人々の善意に気付き感謝する心情や態度を育て，自他を尊重する温かな人間関係を築くことのできる資質・能力を育てることが求められる。温かなつながりの中に自分の生活があることに感謝し，人々の善意に応えて自分は何をすべきかを自覚し，進んで実践できるようにするところまで指導する必要がある。

### 9　礼儀

〔第１学年及び第２学年〕
　気持ちのよい挨拶，言葉遣い，動作などに心掛けて，明るく接すること。
〔第３学年及び第４学年〕
　礼儀の大切さを知り，誰に対しても真心をもって接すること。
〔第５学年及び第６学年〕
　時と場をわきまえて，礼儀正しく真心をもって接すること。

（中学校）
［礼儀］
　礼儀の意義を理解し，時と場に応じた適切な言動をとること。



人との関わりにおける習慣の形成に関するものであり，相互の心を明るくし，人と人との結び付きをより深いものにするための適切な礼儀正しい行為に関する内容項目である。

#### (1) 内容項目の概要

礼儀は，相手の人格を尊重し，相手に対して敬愛する気持ちを具体的に示すことであり，心と形が一体となって表れてこそ，そのよさが認められる。つまり，礼儀とは，心が礼の形になって表れることであり，礼儀正しい行為をすることによって，自分も相手も気持ちよく過ごせるようになる。

また，礼儀は，具体的には挨拶や言葉遣い，所作や動作など作法として表現されるが，それは，人間関係を豊かにして社会生活を円滑に営めるようにするために創り出された文化の一つであるということができる。よい人間関係を築くためには，まず，相手に対して真心がこもった気持ちのよい応対ができなければならない。そのような応対は人としての生き方の基本であり，まずは大人が作法として教えることから始まる。それらを，さらに，例えば真心がこもった態度や時と場をわきまえた態度など礼節をわきまえた行為へと深めていくことが必要である。真心とは相手のことを親身に思いやる心であり，形となって表されることにより，誠意のある行為につながる。人との関わりにおいて，どのような振る舞いが好ましいのかを考えさせることは大切なことである。

#### (2) 指導の要点

**■　第１学年及び第２学年**

この段階においては，特にはきはきとした気持ちのよい挨拶や言葉遣い，話の聞き方や食事の所作などの具体的な振る舞い方を身に付けることを通して明るく接することのできる児童を育てることが大切である。

身近な人々と明るく接する中で，時と場に応じた挨拶や言葉遣い，作法などがあることに気付き，気持ちよく感じる体験を繰り返し行うことで，しっかりと身に付けることができるようにすることが求められる。

指導に当たっては，日常生活を送るために欠かせない基本的な挨拶などについて，具体的な状況の下での体験を通して実感的に理解を深めさせることが重要である。また，外出時や公共の場での振る舞い方など社会との関わりの中での礼儀についても考えさせることが重要である。

■ 第３学年及び第４学年

この段階においては，児童は相手の気持ちを自分に置き換えて自らの行動を考えることができるようになってくる。例えば，挨拶や言葉遣いなど，相手の立場や気持ちに応じた対応ができるようになる。そのことを十分考慮して，毎日の生活の中での挨拶や言葉遣いなど，礼儀の大切さを考えさせる必要がある。

指導に当たっては，この段階の児童が気の合う友達同士で仲間集団をつくる傾向が見られるため，誰に対しても真心をもって接する態度を育てるようにすることが特に重要である。人に頼むときや失敗して謝るときなど人との関わりを通して，真心は相手に態度で示すことができることに気付かせることもできる。また，家庭や地域社会での日常の挨拶，学習や給食の際の態度，校外学習など見学先での振る舞いなどについて考えさせることも大切である。

■ 第５学年及び第６学年

この段階においては，特に礼儀作法についてそのよさや意義を正しく理解し，時と場に応じて，例えば，自ら挨拶をしてからお辞儀をするなど，適切な言動ができるようにすることが求められる。この段階は，礼儀のよさや意義について知識としては理解できていても，恥ずかしさなどもあり，時として心のこもった挨拶や言葉遣いが行為として表れない場面も出てくることが考えられる。そこで，相手の立場や気持ちを考えて心のこもった接し方ができるようにすることが大切である。

指導に当たっては，行動範囲の広がりとともに様々な人との関わりも増えてくることから，挨拶などの礼儀は社会生活を営む上で欠くことのできないものであることを押さえ，礼儀作法の形にこめられた相手を尊重する気持ちを児童自身の体験などを通して考えさせることが効果的である。また，礼儀に対する意識を高めるために，自分の一日の生活の中にある礼儀を見直したり，武道や茶道など我が国に古くから伝わる礼儀作法を重視した文化に触れたりすることも考えられる。

### 10　友情，信頼

〔第１学年及び第２学年〕
　友達と仲よくし，助け合うこと。
〔第３学年及び第４学年〕
　友達と互いに理解し，信頼し，助け合うこと。
〔第５学年及び第６学年〕
　友達と互いに信頼し，学び合って友情を深め，異性についても理解しながら，人間関係を築いていくこと。

（中学校）
［友情，信頼］
　友情の尊さを理解して心から信頼できる友達をもち，互いに励まし合い，高め合うとともに，異性についての理解を深め，悩みや葛藤も経験しながら人間関係を深めていくこと。

　友達関係における基本とすべきことであり，友達との間に信頼と切磋琢磨の精神をもつことに関する内容項目である。

#### (1) 内容項目の概要

　友達は家族以外で特に深い関わりをもつ存在であり，友達関係は共に学んだり遊んだりすることを通して，互いに影響し合って構築されるものである。また，世代が同じ者同士として，似たような体験や共通の興味や関心を有することから，互いの考え方などを交え，豊かに生きる上での大切な存在として，互いの成長とともにその影響力を拡大させていく。
　児童にとって，友達関係は最も重要な人間関係の一つであり，友達関係の状況によって学校生活が充実するか否かが方向付けられることも少なくない。よりよい友達関係を築くには，互いを認め合い，学習活動や生活の様々な場面を通して理解し合い，協力し，助け合い，信頼感や友情を育んでいくことができるように指導することが大切である。また，異性についても互いに理解し合いながら人間関係を築いていくことが必要である。

#### (2) 指導の要点

**■　第１学年及び第２学年**

　この段階においては，幼児期の自己中心性から十分に脱しておらず，友達の立場を理解したり自分と異なる考えを受け入れたりすることが難しいことも少なくない。しかし，学級での生活を共にしながら一緒に勉強したり，仲よく遊んだり，困っている友達のことを心配し助け合ったりする経験を積み重ねることで，友達のよさをより強く感じるようになる。

指導に当たっては，特に身近にいる友達と一緒に，仲よく活動することのよさや楽しさ，助け合うことの大切さを実感できるようにすることが重要である。また，友達とけんかをしても，友達の気持ちを考え，仲直りできるようにする。そのためには，友達と一緒に活動して楽しかったことや友達と助け合ってよかったことを考えさせながら，友達と仲よくする大切さを育んでいくようにする必要がある。

■ **第３学年及び第４学年**

この段階においては，活動範囲が広がることで，集団との関わりも増え，友達関係も広がってくる。また，気の合う友達同士で仲間をつくって自分たちの世界を確保し，楽しもうとする傾向があり，集団での活動などがこれまでになく盛んになる。しかし，自分の利害にこだわることで，友達とトラブルを引き起こすことも少なくない。

指導に当たっては，友達のことを互いによく理解し，信頼し，助け合うことで，健全な仲間集団を積極的に育成していくことが大切である。そのためには，友達のよさを発見することで友達のことを理解したり，友達とのよりよい関係の在り方を考えたり，互いに助け合うことで友達の大切さを実感したりすることができるように指導することが大切である。

■ **第５学年及び第６学年**

この段階においては，これまで以上に友達を意識し，仲のよい友達との信頼関係を深めていこうとする。また，流行などにも敏感になり，ともすると趣味や傾向を同じくする閉鎖的な仲間集団を作る傾向も生まれる。そのため，疎外されたように感じたり，友達関係で悩んだりすることが今まで以上に見られるようになり，このことが不安な学校生活につながる状況もみられる。このことから，友達同士の相互の信頼の下に，協力して学び合う活動を通して互いに磨き合い，高め合うような，真の友情を育てるとともに，互いの人格を尊重し合う人間関係を築いていくようにすることが求められる。

指導に当たっては，健全な友達関係を育てていくことが一層重要になる。この段階が第二次性徴期に入るため，異性に対する関心が強まり，これまでとは異なった感情を抱くようになる。この異性間の在り方も根本的には同性間におけるものと同様，互いの人格の尊重を基盤としている。異性に対しても，信頼を基にして，正しい理解と友情を育て，互いのよさを認め，学び合い，支え合いながらよい関係を築こうとすることに配慮して指導することが大切である。

### 11　相互理解，寛容

〔第３学年及び第４学年〕
　自分の考えや意見を相手に伝えるとともに，相手のことを理解し，自分と異なる意見も大切にすること。
〔第５学年及び第６学年〕
　自分の考えや意見を相手に伝えるとともに，謙虚な心をもち，広い心で自分と異なる意見や立場を尊重すること。

（中学校）
［相互理解，寛容］
　自分の考えや意見を相手に伝えるとともに，それぞれの個性や立場を尊重し，いろいろなものの見方や考え方があることを理解し，寛容の心をもって謙虚に他に学び，自らを高めていくこと。



広がりと深まりのある人間関係を築くために，自分の考えを相手に伝えて相互理解を図るとともに，謙虚で広い心をもつことに関する内容項目である。

#### (1) 内容項目の概要

人の考えや意見は多様であり，それが豊かな社会をつくる原動力にもなる。そのためには，多様さを相互に認め合い理解しながら高め合う関係を築くことが不可欠である。自分の考えや意見を相手に伝えるとともに，自分とは異なる意見や立場も広い心で受け止めて相手への理解を深めることで，自らを高めていくことができる。異なった意見や立場をもつ者同士が互いを尊重し，広がりと深まりのある人間関係を築くためにも欠かせないことである。また，寛大な心をもって他人の過ちを許すことができるのは，自分も過ちを犯すことがあるからと自覚しているからであり，自分に対して謙虚であるからこそ他人に対して寛容になることができる。このように，寛容さと謙虚さが一体のものとなったときに，広い心が生まれ，それは人間関係を潤滑にするものとなる。

しかし，私たちは，自分の立場を守るため，つい他人の失敗や過ちを一方的に非難したり，自分と異なる意見や立場を受け入れようとしなかったりするなど，自己本位に陥りやすい弱さをもっている。自分自身が成長の途上にあり，至らなさをもっていることなどを考え，自分を謙虚に見ることについて考えさせることが大切である。相手から学ぶ姿勢を常にもち，自分と異なる意見や立場を受けとめることや，広い心で相手の過ちを許す心情や態度は，多様な人間が共によりよく生き，創造的で建設的な社会をつくっていくために必要な資質・能力である。今日の重要な教育課題の一つであるいじめの未然防止に対応するとともに，いじめを生まない雰囲気や環境を醸成するためにも，互いの違いを認め合い理解しながら，自分と同じように他者を尊重する態度を育てることが重要であると言える。

### (2) 指導の要点

#### ■ 第３学年及び第４学年

この段階の児童は，自他の立場や感じ方，考え方などの違いをおおむね理解できるようになるが，ともすると違いを受け止められずに感情的になったり，それらの違いから対立が生じたりすることも少なくない。望ましい人間関係を構築するためには，自分の考えや意見を相手に伝えるとともに，自分と異なる意見について，その背景にあるものは何かを考え，傾聴することができるようにすることが必要になる。

指導に当たっては，相手の言葉の裏側にある思いを知り，相手への理解を深め，自分も更に相手からの理解が得られるように思いを伝える相互理解の大切さに気付くようにすることが大切である。日常の指導においては，児童同士，児童と教師が互いの考えや意見を交流し合う機会を設定し，異なる考えや意見を大切にすることのよさを実感できるように指導することが大切である。

#### ■ 第５学年及び第６学年

この段階においては，自分のものの見方や考え方についての認識が深まることから，相手のものの見方，考え方との違いをそれまで以上に意識するようになる。また，この時期には，考えや意見の近い者同士が接近し，そうでない者を遠ざけようとする行動が見られることがある。そのような時期だからこそ，相手の意見を素直に聞き，なぜそのような考え方をするのかを，相手の立場に立って考える態度を育てることが求められる。

指導に当たっては，広い心で自分と異なる意見や立場を尊重することで，違いを生かしたよりよいものが生まれるといったよさや，相手の過ちなどに対しても，自分にも同様のことがあることとして謙虚な心，広い心で受け止め，適切に対処できるように指導することが大切である。

## C　主として集団や社会との関わりに関すること

### 12　規則の尊重

〔第１学年及び第２学年〕
　約束やきまりを守り，みんなが使う物を大切にすること。
〔第３学年及び第４学年〕
　約束や社会のきまりの意義を理解し，それらを守ること。
〔第５学年及び第６学年〕
　法やきまりの意義を理解した上で進んでそれらを守り，自他の権利を大切にし，義務を果たすこと。

(中学校)
［遵法精神，公徳心］
　法やきまりの意義を理解し，それらを進んで守るとともに，そのよりよい在り方について考え，自他の権利を大切にし，義務を果たして，規律ある安定した社会の実現に努めること。

生活する上で必要な約束や法，きまりの意義を理解し，それらを守るとともに，自他の権利を大切にし，義務を果たすことに関する内容項目である。

#### (1) 内容項目の概要

児童が成長することは，同時に所属する集団や社会を構成する一員として集団や社会の様々な規範を身に付けていくことでもある。そのためにも，約束や法，きまりを進んで守ることができるようにすることが必要である。法やきまりは自分たちを拘束するものとして自分勝手に反発したり，自分の権利は強く主張するものの，自分の果たさなければならない義務をなおざりにしたりする者も存在する中で，社会の法やきまりのもつ意義について考えることを通して，法やきまりが，個人や集団が安全にかつ安心して生活できるようにするためにあることを理解し，それを進んで守り，自他の権利を尊重するとともに義務を果たすという精神をしっかりと身に付けるように指導する必要がある。その際，法やきまりを守ることは，その自分勝手な反発等に対してそれらを許さないという意思をもつことと表裏の関係にある。

また，身近な集団におけるよりよい人間関係づくりや人間関係における規範意識について考えさせるためにも，重要な内容項目である。特に，人と人が仲間をつくり，よりよい人間関係を形成する上では，自分の思いのままに行動するのではなく，集団や社会のために自分が何をすればよいのか，また，自分に何ができるのか，自他の権利を十分に尊重する中で果たすべき自らの義務を考え，進んで約束やきまりを守って行動する態度を養うことが必要である。なお，国際的な関係においても法やきまりの遵守が求められており，「国際理解，国際親善」にも通ずるものである。

### (2) 指導の要点

#### ■ 第1学年及び第2学年

この段階においては，まだ自己中心性が強く，ともすると周囲への配慮を欠いて自分勝手な行動をとることも少なくない。また，身の回りの公共物や公共の場所の使い方や過ごし方についてどうするのがよいのか，そしてそれはなぜなのかといった理解は十分とは言えない。

指導に当たっては，身近な約束やきまりを取り上げ，それらはみんなが気持ちよく安心して過ごすためにあることを理解し，しっかりと守ろうとする意欲や態度を育てることが大切である。また，みんなで使う物や場所を進んで大切にし，工夫して使いたいという判断力や態度を身に付けられるように指導することが必要である。

#### ■ 第3学年及び第4学年

この段階においては，気の合う仲間や集団の中にきまりをつくり，自分たちの仲間や集団及び自分たちで決めたことを大切にしようとする傾向がある。また，一人一人が身近な生活の中で，約束や社会のきまりと公共物や公共の場所との関わりについて考えることは少ない。

指導に当たっては，そのような発達的特性を生かし，一般的な約束や社会のきまりの意義やよさについて理解し，それらを守るように指導していくことが大切である。さらに，社会集団を維持発展する上で，社会生活の中において守るべき道徳としての公徳を進んで大切にする態度にまで広げていく必要がある。特に，集団生活をする上で，一人一人が相手や周りの人の立場に立ちよりよい人間関係を築くことや，集団の向上のために守らなければならない約束やきまりを十分考えることが必要である。

#### ■ 第5学年及び第6学年

この段階においては，社会生活上のきまり，基本的なマナーや礼儀作法，モラルなどの倫理観を育成することが必要となってくる。また，日常生活において，権利や義務という観点から，自他の行動などについて考えを深めたり，それらを尊重したりすることは少ない。

指導に当たっては，社会生活を送る上で必要であるきまりや，国会が定めるきまりである法（法律）などを進んで守り従うという遵法の精神をもつところまで高めていく必要がある。また，他人の権利を理解，尊重し，自分の権利を正しく主張するとともに，義務を遂行しないで権利ばかりを主張していたのでは社会は維持できないことについても具体的に考えを深め，自分に課された義務についてはしっかり果たそうとする態度を育成することが重要である。また，身近な集団生活を送る上においても，みんなで互いの権利を尊重し合い，自らの義務を進んで果たすことが大切であるという理解と積極的な行動ができるようにする必要がある。

### 13　公正，公平，社会正義

〔第１学年及び第２学年〕
　自分の好き嫌いにとらわれないで接すること。
〔第３学年及び第４学年〕
　誰に対しても分け隔てをせず，公正，公平な態度で接すること。
〔第５学年及び第６学年〕
　誰に対しても差別をすることや偏見をもつことなく，公正，公平な態度で接し，正義の実現に努めること。

（中学校）
［公正，公平，社会正義］
　正義と公平さを重んじ，誰に対しても公平に接し，差別や偏見のない社会の実現に努めること。



民主主義社会の基本である社会正義の実現に努め，公正，公平に振る舞うことに関する内容項目である。

#### (1) 内容項目の概要

社会正義は，人として行うべき道筋を社会に当てはめた考え方である。社会正義を実現するためには，その社会を構成する人々が真実を見極める社会的な認識能力を高め，思いやりの心などを育むようにすることが基本になければならない。集団や社会において公正，公平にすることは，私心にとらわれず誰にも分け隔てなく接し，偏ったものの見方や考え方を避けるよう努めることである。

しかし，このような社会正義の実現を妨げるものに人々の差別や偏見がある。人間は自分と異なる感じ方や考え方，多数ではない立場や意見などに対し偏った見方をしたり，自分よりも弱い存在があることで優越感を抱きたいがために偏った接し方をしたりする弱さをもっていると言われる。いじめの問題なども，このような人間の弱さが起因している場合が少なくない。

所属する一人一人が確かな自己実現を図ることができる社会を実現するためには，そのような人間の弱さを乗り越えて，自らが正義を愛する心を育むようにすることが不可欠である。その上で，法やきまりに反する行為と同様に，自他の不公正を許さない断固とした姿勢をもち，集団や社会の一員として力を合わせて積極的に差別や偏見をなくそうとする努力が重要である。特にかけがえのない生命の自覚や他の人との関わりに関する内容項目の指導との関連を図りながら指導を進める必要がある。

### (2) 指導の要点

#### ■ 第１学年及び第２学年

この段階においては，発達的な特質から自己中心的な考え方をしがちである。そのため，人も自分と同じ感じ方や考え方であると考え，異なる感じ方や考え方を否定する傾向がある。こうした自分の好みや利害によって，ともすると公平さを欠く言動をとる姿も見受けられる。

指導に当たっては，日常の指導において，公正，公平な態度に根差した具体的な言動を取り上げて，そのよさを考えさせるようにすることが大切である。また，偏見や差別が背景にある言動については，毅(き)然として是正することが必要である。これらの指導を通して，児童が誰に対しても公正，公平に接することのよさを実感できるようにすることが大切である。

#### ■ 第３学年及び第４学年

この段階においては，誰に対しても分け隔てをしないで接することの大切さを理解できるようになる。しかし，ともすると自分の仲間を優先することに終始して，自分の好みで相手に対して不公平な態度で接してしまうことも少なくない。

指導に当たっては，不公平な態度が周囲に与える影響を考えさせるとともに，そのことが人間関係や集団生活に支障を来たしいじめなどにつながることを理解させることが求められる。誰に対しても分け隔てをせず，公正，公平な態度で接することができるようにすることが重要である。

#### ■ 第５学年及び第６学年

この段階においては，差別や偏見がいじめなどの問題につながることを理解できるようになる。一方，いじめなどの場面に出会ったときにともすると傍観的な立場に立ち，問題から目を背けることも少なくない。こうした問題は，自分自身の問題でもあるという意識をもたせることが大切である。その上で，社会正義の実現は決して容易ではないことを自覚させ，身近な差別や偏見に向き合い，公平で公正な態度で行動できるようにすることが求められる。

指導に当たっては，不正な行為は絶対に行わない，許さないという断固たる態度を育てることが大切である。日頃から自分自身の考えをしっかりもち，同調圧力に流されないで必要に応じ自分の意志を強くもったり，学校や関係機関に助けを求めたりすることに躊躇(ちゅうちょ)しないなど，周囲の雰囲気や人間関係に流されない態度を育てるようにする。また，社会的な差別や不公正さなどの問題はいまだに多く生起している状況があるため，これらについて考えを巡らせ，社会正義の実現について考え，自覚を深めていく指導を適切に行うことが大切である。

### 14　勤労，公共の精神

〔第１学年及び第２学年〕
　働くことのよさを知り，みんなのために働くこと。
〔第３学年及び第４学年〕
　働くことの大切さを知り，進んでみんなのために働くこと。
〔第５学年及び第６学年〕
　働くことや社会に奉仕することの充実感を味わうとともに，その意義を理解し，公共のために役に立つことをすること。

（中学校）
［社会参画，公共の精神］
　社会参画の意識と社会連帯の自覚を高め，公共の精神をもってよりよい社会の実現に努めること。
［勤労］
　勤労の尊さや意義を理解し，将来の生き方について考えを深め，勤労を通じて社会に貢献すること。

　仕事に対して誇りや喜びをもち，働くことや社会に奉仕することの充実感を通して，働くことの意義を自覚し，進んで公共のために役立つことに関する内容項目である。

#### (1) 内容項目の概要

　生きていくには，自分の仕事に誇りと喜びを見いだし，生きがいをもって仕事を行えるようにすることが大切である。働くことは，日々の糧を自ら得て自立するなど単に自分の生活の維持向上を目的とすることだけでなく，働くこと自体が自分に課された社会的責任を果たすという意味においても重視する必要がある。人間生活を成立させる上で働くことは基本となるものであり，一人一人が働くことのよさや大切さを知ることにより，みんなのために働こうとする意欲をもち，社会に対する奉仕や公共の役に立つ喜びをも味わうことができる。このように働くことや社会に奉仕することの充実感を味わうことを通して，その意義や役割を理解し，それを現在の自分が学んでいることとのつながりで捉えることは，将来の社会的自立に向けて勤労観や職業観を育む上でも重要なことである。
　今日，社会環境や産業構造等の変化に伴い働き方が一様でなくなり，働くことに対する将来の展望がもちにくくなっている。働くことや社会に奉仕することの意義の理解は大切であるが，このことは一律に望ましいとされる勤労観・職業観を教え込むことではない。身近な人から集団へと人との関わりを広げながら，児童一人一人が働く意義や目的を探究し，みんなのために働くことの意義を理解し，集団の一員として自分の役割を積極的に果たそうとする態度を育成することが重要である。

### (2) 指導の要点

#### ■ 第１学年及び第２学年

この段階の児童は，何事にも興味をもって生き生きと活動し，みんなのために働くことを楽しく感じている児童が多い。そのような実態を生かし，自分たちが行った仕事がみんなの役に立つことのうれしさ，やりがい，そのことを通して自分の成長などを感じられるようにすることが大切である。

指導に当たっては，学級の清掃や給食などの当番活動，学級生活の充実に向けた係活動，家庭や地域社会での決められた仕事など，みんなのために役立とうとする意欲や態度に結び付けていくことが求められる。

#### ■ 第３学年及び第４学年

この段階においては，みんなのために働くことで楽しさや喜びを味わうことがある一方で，働くことを負担に感じたり，面倒に思ったりする様子も見られる。このことから，自分の役割を果たし，力を合わせて仕事をすることの大切さを理解できるようにするとともに，進んで働こうとする態度を育てる必要がある。

指導に当たっては，特に，身の回りの生活の中で，集団の一員としてできることについて考え，自分ができる仕事を見付けたり，集団生活の向上につながる活動に参加したりして，みんなのために働こうとする意欲や態度を育むことが重要になる。

#### ■ 第５学年及び第６学年

この段階においては，勤労を尊ぶ心を育てながら，働くことの意義を理解して社会の役に立つことができるようにする必要がある。この段階の児童は，仲のよい仲間と一緒にする仕事には意欲的に取り組むが，共同作業や集団での仕事などを嫌う傾向がある。中学校への進学を意識する時期に，仲間と協力して学ぶことの楽しさを通して，汗を流すことの尊さや満足感，仕事を成し遂げた際の喜びや手応えなど，働く意義や社会に奉仕する喜びを児童一人一人に体得させ，進んで実践しようとする意欲や態度を養うことが大切である。

指導に当たっては，勤労が自分のためだけではなく社会生活を支えるものであることを考えさせることが求められる。また，ボランティア活動など，社会への奉仕活動などから得た充実感を基に，勤労と公共の精神の意義を理解し，公共のために役に立とうとする態度を育てることが望まれる。

### 15　家族愛，家庭生活の充実

〔第１学年及び第２学年〕
　父母，祖父母を敬愛し，進んで家の手伝いなどをして，家族の役に立つこと。
〔第３学年及び第４学年〕
　父母，祖父母を敬愛し，家族みんなで協力し合って楽しい家庭をつくること。
〔第５学年及び第６学年〕
　父母，祖父母を敬愛し，家族の幸せを求めて，進んで役に立つことをすること。

（中学校）
［家族愛，家庭生活の充実］
　父母，祖父母を敬愛し，家族の一員としての自覚をもって充実した家庭生活を築くこと。



家族との関わりを通して父母や祖父母を敬愛し，家族の一員として家庭のために役立つことに関する内容項目である。

#### (1) 内容項目の概要

児童が生を受けて初めて所属する社会は家庭である。家庭は，児童にとって生活の場であり，団らんの場である。児童は家庭で家族との関わりを通して愛情をもって保護され，育てられており，最も心を安らげる場である。そうした意味からも，児童の人格形成の基盤はその家庭にあると言ってよい。家庭で養われる道徳性は，様々な集団や社会との関わりの基盤にもなっていく。児童が家庭を構成する家族一人一人についての理解を深めていくことで，現在の自分の存在が父母や祖父母から受け継がれたものであることを実感することができる。そして，自分の成長を願って無私の愛情で育ててくれたかけがえのない存在である家族に対して敬愛する心が一層強くなる。

また，児童が家庭生活の中で，家族が互いの立場を尊重しながら家族に貢献することの大切さに気付いていくようになると，児童自身も家族の中での自分の立場や役割を自覚できるようになる。このことで，自分も兄弟姉妹などとともにその家族の一員として積極的に役に立とうとする精神が芽生える。自分なりにできることで家庭生活に貢献すれば，家族のために役に立つ喜びが実感できるようになる。そして，このような家族や家庭生活を大切にしようとする気持ちを深め，よりよい家庭を築けるように指導することが大切である。

なお，多様な家族構成や家庭状況があることを踏まえ，十分な配慮を欠かさないようにすることが重要である。

### (2) 指導の要点

#### ■ 第1学年及び第2学年

この段階においては，児童は家族の一員であることに喜びを感じながらも家族から守られ，家庭生活において受け身の立場であることが多く，能動的に家庭生活に関わろうとするところまでには至っていない。このことから，日頃の父母や祖父母が自分や他の家族に対して，成長を願い無私の愛情で育ててくれている様子に気付くことから敬愛の念を育てる。

指導に当たっては，家庭生活においては自分にできることを進んで手伝うなどして，積極的に家族と関わり，家族の一員として役に立つ喜びが実感できるようにしていくことが大切である。

#### ■ 第3学年及び第4学年

この段階においては，自分が在るのは，父母や祖父母が在るからであるということや，自分に対して愛情をもって育ててくれていることなどに対して，敬愛の念を深めていくようにすることが大切である。そして，家族の一員として，家庭生活により積極的に関わろうとする態度を育てることが大切である。

指導に当たっては，家庭生活において自分の行動が具体的に家族の役に立っていることを実感したり，家族に喜ばれ感謝されるという経験を積み重ねたりすることができるようにすることが必要である。自分が家庭生活におけるかけがえのない家族の一員であることの自覚を深めることによって，協力し合って楽しい家庭をつくろうとする積極的な姿勢をもつことができるようになる。家庭との連携を図りながら，家族みんなで協力し合って楽しい家庭をつくろうとする態度を育てるよう指導することが大切である。

#### ■ 第5学年及び第6学年

この段階においては，一層積極的に家族の一員としての自覚をもって，家庭生活に貢献できることが求められる。父母，祖父母に対する家族への敬愛が深まる一方で，家族が何かをしてくれることに対しては，当然のことと考えて，日常生活の中で，家族の自分に対する思いや願いについては深く考えることは少ない。

指導に当たっては，自分の成長を願って愛情をもって育ててくれた家族に対して，尊敬や感謝を込めて家族の幸せのために自分には何が貢献できるのかを考えてみる機会を設定することが求められる。そして，充実した家庭生活を築いていくためには，家族の一員としての自分の役割を自覚し，家族のために，積極的に役立つことができるよう指導することが必要である。そのためにも，家族が相互に深い信頼関係で結ばれていることについて考えを深められるよう指導することが大切である。

## 16　よりよい学校生活，集団生活の充実

〔第１学年及び第２学年〕
　先生を敬愛し，学校の人々に親しんで，学級や学校の生活を楽しくすること。
〔第３学年及び第４学年〕
　先生や学校の人々を敬愛し，みんなで協力し合って楽しい学級や学校をつくること。
〔第５学年及び第６学年〕
　先生や学校の人々を敬愛し，みんなで協力し合ってよりよい学級や学校をつくるとともに，様々な集団の中での自分の役割を自覚して集団生活の充実に努めること。

（中学校）
［よりよい学校生活，集団生活の充実］
　教師や学校の人々を敬愛し，学級や学校の一員としての自覚をもち，協力し合ってよりよい校風をつくるとともに，様々な集団の意義や集団の中での自分の役割と責任を自覚して集団生活の充実に努めること。



　先生や学校の人々を尊敬し感謝の気持ちをもって，学級や学校の生活をよりよいものにしようとすることや，様々な集団の中での活動を通して，自分の役割を自覚して集団生活の充実に努めることに関する内容項目である。

### (1) 内容項目の概要

　人は社会的な存在であり，家族や学校をはじめとする様々な集団や社会に属して生活を営んでいる。それらにおける集団と個の関係は，集団の中で一人一人が尊重して生かされながら，主体的な参加と協力の下に集団全体が成り立ち，その質的な向上が図られるものでなければならない。児童は，まず，教師に対する敬愛の念をもち，学級での生活における充実感を味わい，そのことを通して学校への愛着をもつようになる。そして，自分を支え励ましてくれる学校の様々な人々へ目を向け，感謝と敬愛の念を深めていく。

　そこで，教師や学校の様々な人々との活動を通して学級や学校全体に目を向けさせ，集団への所属感を高めるとともに，それらの集団に役立っている自分への実感とともに学校を愛する心を深められるようにすることが求められる。また，様々な集団に属する一人一人が，集団の活動に積極的に参加し，集団の意義に気付き，自分の役割と責任を自覚して，充実した集団生活を構築しようと努力することが大切である。

### (2) 指導の要点

■ **第１学年及び第２学年**

この段階の児童にとって，教師から受ける影響は特に大きい。そこで，教師が児童一人一人と愛情のある触れ合いをすることによって，教師を敬愛しようとする心が育まれるようにすることが大切である。また，様々な学習活動を通して上級生に親しみをもったり，学校生活を支えている人々との関わりを深めたりしながら，敬愛の心を育て，学級や学校の生活を自分たちで一層楽しくしようとする態度を育てる必要がある。

指導に当たっては，児童が教師や友達と一緒に遊んだり学んだりして共に生活する機会を設定して，そのことを通して楽しさを味わい，学校のことをより深く知り，集団の中での行動の仕方を学び，自分の居場所をつくっていけるような指導をすることが望まれる。

■ **第３学年及び第４学年**

この段階においては，仲間意識の高まりと相まって特に学級への所属意識が高まると言われている。このことから，互いに思いやり明るさや活力あふれる楽しい学級を，みんなで協力し合ってつくっていくことができるような態度を育む必要がある。また，日々世話になっている教師や学校の人々との関わりにも目を向け，学校全体を視野に入れて，よりよい学校生活をつくることに関心を深められるようにしていくことも大切である。

指導に当たっては，教師をはじめ学級や学校で自分を支え励ましてくれる様々な人々との関わりにおいて感謝と敬愛の念を深め，進んで学級や学校のために働くなど具体的な活動を通して，楽しく充実した学校生活が構築できるように指導していくことが求められる。

■ **第５学年及び第６学年**

この段階においては，児童が小学校の高学年としての自覚をもち，学級や学校，身近な集団を愛する心を具体化できるようにすることが必要である。特に，学校における学級集団，児童会やクラブなどの異年齢集団だけでなく，地域社会においても，遊び仲間や各種少年団体などの身近な集団において，自分の立場やその集団の向上に資する自分の役割，個人の力を合わせチームとして取り組んでこそ達成できることなどを自覚して，様々な活動に積極的に参加できるようにしていくことが重要である。

指導に当たっては，様々な集団での活動を通して，集団を支えているのは自分たち自身であるということに気付かせると同時に，集団における自分の役割を自覚し責任を果たそうとする態度を育てるよう指導することが大切である。

## 17　伝統と文化の尊重，国や郷土を愛する態度

〔第１学年及び第２学年〕
　我が国や郷土の文化と生活に親しみ，愛着をもつこと。
〔第３学年及び第４学年〕
　我が国や郷土の伝統と文化を大切にし，国や郷土を愛する心をもつこと。
〔第５学年及び第６学年〕
　我が国や郷土の伝統と文化を大切にし，先人の努力を知り，国や郷土を愛する心をもつこと。

（中学校）
［郷土の伝統と文化の尊重，郷土を愛する態度］
　郷土の伝統と文化を大切にし，社会に尽くした先人や高齢者に尊敬の念を深め，地域社会の一員としての自覚をもって郷土を愛し，進んで郷土の発展に努めること。
［我が国の伝統と文化の尊重，国を愛する態度］
　優れた伝統の継承と新しい文化の創造に貢献するとともに，日本人としての自覚をもって国を愛し，国家及び社会の形成者として，その発展に努めること。



　我が国や郷土の伝統と文化を尊重し，それらを育んできた我が国や郷土を愛する心をもつことに関する内容項目である。

### (1) 内容項目の概要

　自分が生まれ育った郷土は，その後の人生を送る上で心のよりどころとなるなど大きな役割を果たすものである。また，郷土は，生きる上での大きな精神的な支えとなるものである。郷土での様々な体験など積極的で主体的な関わりを通して，郷土を愛する心が育まれていくが，郷土から国へと親しみをもちながら視野を広げて，国や郷土を愛する心をもち，国や郷土をよりよくしていこうとする態度を育成することが大切である。

　我が国や郷土の伝統を継承することは，長い歴史を通じて培われ，受け継がれてきた風俗，習慣，芸術などを大切にし，それらを次代に引き継いでいくということである。我が国や郷土の伝統と文化を大切にする心は，過去から現在に至るまでに育まれた我が国や郷土の伝統と文化に関心をもち，それらと現在の自分との関わりを理解する中から芽生えてくるものである。それは，国や郷土を愛する心へとつながり，さらに，我が国が果たすべき役割と責任を自覚することにもつながるものである。

　なお，ここでいう「国や郷土を愛する」とは，教育基本法において教育の目標として「伝統と文化をはぐくんできた我が国や郷土を愛する態度」（第２条第５号）を養うと定めているのと同様の趣旨であり，我が国や郷土を愛する「態度」

と「心」は，教育の過程を通じて，一体として養われるものである。また，内容項目に規定している「我が国」や「国」とは，政府や内閣などの統治機構を意味するものではなく，歴史的に形成されてきた国民，国土，伝統，文化などからなる歴史的・文化的な共同体としての国を意味するものである。したがって，国を愛することは，偏狭で排他的な自国賛美ではなく，また，次の内容項目の「国際理解，国際親善」に関する指導と相まって，国際社会と向き合うことが求められている我が国の一員としての自覚と責任をもって，国際親善に努めようとする態度につながっている点に留意する必要がある。

### (2) 指導の要点

#### ■　第１学年及び第２学年

この段階においては，昔の遊びを体験したり，地域の行事などに参加して身の回りにある昔から伝わるものに触れたりする機会が多くなる。このことを通して，家庭や学校を取り巻く郷土に目が向けられるようになる。また，昔の遊びや季節の行事などを通して我が国の伝統や文化にも触れ，親しみをもてるようになる。

指導に当たっては，児童が住む町の身近な自然や文化などに直接触れる機会を増やしたり，そこに携わる人々との触れ合いを深めたりすることで国や郷土への愛着を深め，親しみをもって生活できるようにすることが大切である。

#### ■　第３学年及び第４学年

この段階においては，自分たちの郷土に対する理解が深まる。また，地域での生活が活発になるのに伴い，地域の行事や活動に興味をもつようになる。また，地域の生活や環境などの特色にも目が向けられ，郷土のすばらしさを実感できるようになる。

指導に当たっては，地域の人々や生活，伝統，文化に親しみ，それを大切にすることを通して，郷土を愛することについて考えさせ，地域に積極的に関わろうとする態度を育てることが必要である。さらに，自然や文化，スポーツなどへの関心も高まり，郷土から視野を広げて，我が国の伝統と文化について理解を深めるようになる。そこで，様々な活動を通して我が国の伝統と文化に関心をもち，これらに親しむ気持ちを育てるように指導することが必要である。

#### ■　第５学年及び第６学年

この段階においては，我が国の国土や産業，歴史などの学習を通して，我が国の国土や産業の様子，我が国の発展に尽くした先人の業績や優れた文化遺産に目が向けられるようになることから，受け継がれている我が国の伝統や文化を尊重し，更に発展させていこうとする態度を育てることが大切である。

指導に当たっては，機会を捉えて我が国の伝統や文化などを話題にしたり，直接的に触れたりする機会を増やすことを通してそのよさについて理解を深めることが求められる。このことを通して，伝統や文化を育んできた我が国や郷土を受け継ぎ発展させていくべき責務があることを自覚し，努めていこうとする心構えを育てる必要がある。

## 18　国際理解，国際親善

〔第１学年及び第２学年〕
　他国の人々や文化に親しむこと。
〔第３学年及び第４学年〕
　他国の人々や文化に親しみ，関心をもつこと。
〔第５学年及び第６学年〕
　他国の人々や文化について理解し，日本人としての自覚をもって国際親善に努めること。

（中学校）
［国際理解，国際貢献］
　世界の中の日本人としての自覚をもち，他国を尊重し，国際的視野に立って，世界の平和と人類の発展に寄与すること。

　他国の人々や多様な文化を理解するとともに，日本人としての自覚や国際理解と親善の心をもつことに関する内容項目である。

### (1) 内容項目の概要

　グローバル化が進展する今日，国際理解や国際親善は重要な課題になっている。これらの課題に対応できるようにするためには，他国の人々や文化に対する理解とこれらを尊重する態度を養うようにすることが求められる。それぞれの国には独自の伝統と文化があり，自分たちの伝統と文化に対して誇りをもち，大切にしている。

　そのことを，我が国の伝統と文化に対する尊敬の念と併せて理解できるようにする必要がある。

　その際，現在，私たちが抱えている問題，例えば環境や資源，食糧や健康，危機管理など，どれも一地域や一国内にとどまる問題ではないことを踏まえ，広く世界の諸情勢に目を向けつつ，日本人としての自覚をしっかりもつことも重要である。

　なお，宗教について，宗教が社会で果たしている役割や宗教に関する寛容の態度などに関しては，教育基本法第 15 条の規定を踏まえた配慮を行うとともに，宗教について理解を深めることが，自ら人間としての生き方について考えを深めることになるという意義を十分考慮して指導に当たることが必要である。

### (2) 指導の要点

■ 第1学年及び第2学年

この段階においては，発達段階から，身の回りの事物が自国の文化なのか他国の文化なのかを明確に区別することは難しい。また，他国の人々や他国の文化に親しむ経験が多くはないという実態がある。特に他国の人々に対しての触れ合いについては，消極的になってしまう児童もいる。

指導に当たっては，まず，身近な出来事や書籍，衣食住の中にある他国の文化に気付いたり，スポーツや身近な行事などを通じた他国との交流に触れたりしながら，他国の人々に親しみをもったり，自分たちと異なる文化のよさに気付いたりできるようにすることが大切である。そして，他国の人々と交流したり，文化を味わったりしたことを互いに出し合ったり深めたりしながら，更に他国を知り，親しもうとする気持ちが高まるように工夫することが大切である。

■ 第3学年及び第4学年

この段階においては，我が国が様々な国々と関わりをもっていることに気付くようになる。また，自分たちの身の回りには我が国以外の多様な文化があることやそれらの文化の特徴などについて少しずつ理解や関心が高まってくる。

指導に当たっては，児童の様々な生活や学習において，更に関心をもって他国の人々や他国の文化に気付き，郷土や自国の文化と他国の文化との共通点や相違点などにも目を向けられるようにすることが大切である。その上で，それぞれのよさを感じ取らせることが求められる。また，他国の人々もそれぞれの文化に愛着をもって生活していることを理解させるなどして，更に他国の文化に関心や理解を深めさせ，親しませることが大切である。また，自国の文化と他国の文化のつながりや関係にも目を向けさせることが大切である。

■ 第5学年及び第6学年

この段階においては，特に社会的認識能力が発達し，日常生活において新聞などのマスメディアに接することや社会科，外国語活動等で学習することによって，例えば，我が国と同様，他国にも国旗や国歌があり，相互に尊重すべきことなどを知る中で，他国への関心や理解が一層高まる。また，様々な学習において，他国の芸術や文化，他国の人々と接する機会も出てくる。

指導に当たっては，そのことを踏まえ，様々な文化やそれに関わる事柄を互いに関連付けながら国際理解を深め，国際親善に努めようとする態度を育てることが重要である。その際，他国の人々が，我が国と同じようにそれぞれの国の伝統と文化に愛着や誇りをもって生きていることについて一層理解が進むようにすることが大切である。また，日本人としての自覚や誇り，我が国の伝統と文化を理解し，尊重する態度を深めつつ，自分にできることを考えるなどして，進んで他国の人々とつながり，交流活動を進めたりより親しくしたりしようとする国際親善の態度を養うことが求められる。

## D　主として生命や自然，崇高なものとの関わりに関すること

### 19　生命の尊さ

〔第１学年及び第２学年〕
　生きることのすばらしさを知り，生命を大切にすること。
〔第３学年及び第４学年〕
　生命の尊さを知り，生命あるものを大切にすること。
〔第５学年及び第６学年〕
　生命が多くの生命のつながりの中にあるかけがえのないものであることを理解し，生命を尊重すること。

（中学校）
［生命の尊さ］
　生命の尊さについて，その連続性や有限性なども含めて理解し，かけがえのない生命を尊重すること。

生命ある全てのものをかけがえのないものとして尊重し，大切にすることに関する内容項目である。

#### (1) 内容項目の概要

生命を大切にし尊重することは，かけがえのない生命をいとおしみ，自らもまた多くの生命によって生かされていることに素直に応えようとする心の表れと言える。ここでいう生命は，連続性や有限性を有する生物的・身体的生命，さらには人間の力を超えた畏敬されるべき生命として捉えている。そうした生命のもつ侵し難い尊さが認識されることにより，生命はかけがえのない大切なものであって，決して軽々しく扱われてはならないとする態度が育まれるのである。

この内容項目は，主として人間の生命の尊さについて考えを深めることが中心になるが，生きているもの全ての生命の尊さも大切に考えなければならない。生命の尊さを概念的な言葉での理解とともに，自己との関わりで，生きることのすばらしさや生命の尊さを考え，自覚を深められるように指導することが求められる。

そのためには，生命の尊さについて考えを深めていくよう指導することが大切である。生命のかけがえのなさは様々な側面から考えられる。家族や社会的な関わりの中での生命や，自然の中での生命，さらには，生死や生き方に関わる生命の尊厳など，発達の段階を考慮しながら計画的・発展的に指導し，様々な側面から生命の尊さについての考えを深めていくことが重要である。

### (2) 指導の要点

■ 第１学年及び第２学年

この段階においては，生命の尊さを知的に理解するというより，日々の生活経験の中で生きていることのすばらしさを感じ取ることが中心になる。例えば，「体にはぬくもりがあり，心臓の鼓動が規則的に続いている」「夜はぐっすり眠り，朝は元気に起きられる」「おいしく朝食が食べられる」「学校に来てみんなと楽しく学習や生活ができる」などが考えられる。

指導に当たっては，これらの当たり前のことで見過ごしがちな「生きている証(あかし)」を実感させたい。また，自分の誕生を心待ちにしていた家族の思いや，自分の生命に対して愛情をもって育んできた家族の思いに気付くなど，自分の生命そのもののかけがえのなさに気付けるようにすることが大切である。そのことを喜び，すばらしいことと感じることによって，生命の大切さを自覚できるようにすることが求められる。

■ 第３学年及び第４学年

この段階においては，現実性をもって死を理解できるようになる。そのため，特にこの時期に生命の尊さを感得できるように指導することが必要である。例えば，病気やけがをしたときの様子等から，一つしかない生命の尊さを知ったり，今ある自分の生命は，遠い先代から受け継がれてきたものであるという不思議さや雄大さに気付いたりする視点も考えられる。

指導に当たっては，生命は唯一無二であることや，自分一人のものではなく多くの人々の支えによって守り，育まれている尊いものであることについて考えたり，与えられた生命を一生懸命に生きることのすばらしさについて考えたりすることが大切である。あわせて，自分と同様に生命あるもの全てを尊いものとして大切にしようとする心情や態度を育てることが求められる。

■ 第５学年及び第６学年

この段階においては，個々の生命が互いを尊重し，つながりの中にあるすばらしさを考え，生命のかけがえのなさについて理解を深めるとともに，生死や生き方に関わる生命の尊厳など，生命に対する畏敬の念を育てることが大切である。また，様々な人々の精神的なつながりや支え合いの中で一人一人の生命が育まれ存在すること，生命が宿る神秘，祖先から祖父母，父母，そして自分，さらに，自分から子供，孫へと受け継がれていく生命のつながりをより深く理解できるようになる。

指導に当たっては，家族や仲間とのつながりの中で共に生きることのすばらしさ，生命の誕生から死に至るまでの過程，人間の誕生の喜びや死の重さ，限りある生命を懸命に生きることの尊さ，生きることの意義を追い求める高尚さ，生命を救い守り抜こうとする人間の姿の尊さなど，様々な側面から生命のかけがえのなさを自覚し生命を尊重する心情や態度を育むことができるようにすることが求められる。

## 20　自然愛護

〔第１学年及び第２学年〕
　身近な自然に親しみ，動植物に優しい心で接すること。
〔第３学年及び第４学年〕
　自然のすばらしさや不思議さを感じ取り，自然や動植物を大切にすること。
〔第５学年及び第６学年〕
　自然の偉大さを知り，自然環境を大切にすること。

（中学校）
［自然愛護］
　自然の崇高さを知り，自然環境を大切にすることの意義を理解し，進んで自然の愛護に努めること。



　自分たちを取り巻く自然環境を大切にしたり，動植物を愛護したりすることに関する内容項目である。

### (1) 内容項目の概要

　古来日本人は，自然から受ける様々な恩恵に感謝し，自然との調和を図りながら生活を営んできた。自然に親しみ，動植物が自然の中でたくましく生きてきた知恵や巧みさについて学んできた。そして，自然と一体になりながら動植物を愛護し，豊かな情操を育んできたのである。動植物は自然環境の中で生きており，それぞれの環境に適応して生活を営んでいる。人間も地球に住む生物の一員であり，環境との関わりなしには生きていけない存在である。自然の美しさやすばらしさには，理屈抜きで感動する。また，自然の中で育まれた伝統文化は人々の心を潤し，自然と人間のよい関係を象徴するものである。一方，人間の力を超えた自然の驚異は，その不思議さにとどまらず，偉大なる自然の前に人間の無力さを見せつけられることもある。

　科学技術の進歩等に伴う物の豊かさ，便利さは，人間が本来もっていた感性や資質を弱くしてしまっているとも言われる。環境破壊が地球規模で進んでいく中で，自分たちが身近な暮らしの中でできることは何だろうかと考え，現状の改善に自分たちのできることから少しずつ実際に取り組んでいくこともできる。

　自然や動植物を愛し，自然環境を大切にしようとする態度は，地球全体の環境の悪化が懸念され，持続可能な社会の実現が求められている中で，特に身に付けなければならないものである。

### (2) 指導の要点

■　第１学年及び第２学年

この段階においては，特に身近な自然の中で楽しく遊んだり，自然と親しんだりする活動を行うことが多い。また，生活科の学習などを通して動物の世話や飼育をしたり，植物の栽培や観察などを根気よく丁寧に行ったりしながら，自然や動植物などと直接触れ合う多くの体験をしている。

指導に当たっては，児童のこうした活動や体験を通して，自然に親しみ動植物に優しく接しようとする心情を育てることが求められる。自然や動植物のもつ不思議さ，生命の力，そして，共に生きていることのいとおしさなどを自然や動植物と触れ合うことを通して実際に感じることによって，自然や動植物を大事に守り育てようとする気持ちが強く育まれる。

■　第３学年及び第４学年

この段階においては，自然やその中に生きる動植物を大切にする心を更に深めていくことが求められる。自然を大切にすることで，自分たちの生命も守られることに気付くようになる。また，環境保全についても関心をもち，その必要性について考えることができるようになる。

指導に当たっては，自然に親しみながら自然のもつ美しさやすばらしさを感得できるようにする必要がある。それらを踏まえて，身近なところから少しずつ自分たちなりにできることを，動植物と自然環境との関わりを考え実行しようとする意欲を高めることも大切である。

■　第５学年及び第６学年

この段階においては，自然の仕組みについての理解が深まり，自然環境に関わる課題についても理解できるようになる。こうした理解の上に立って，自然環境を保護するとともに，自主的，積極的に環境を保全する態度を育てることが求められる。また，人間の力が及ばない自然の偉大さと驚異についてもしっかりと感じ取り，謙虚に自然に学ぶ態度を身に付ける必要がある。

指導に当たっては，自然環境と人間との関わりから，人間の生活を豊かにすることを優先し，十分な思慮や節度を欠いて自然と接してきたことに気付かせたい。その上で，人間も自然の中で生かされていることを自分の体験を基に考えられるようにすることが必要である。人間と自然や動植物との共存の在り方を積極的に考え，自分にできる範囲で自然環境を大切にし，持続可能な社会の実現に努めようとする態度を育むことが望まれる。

## 21　感動，畏敬の念

〔第１学年及び第２学年〕
　美しいものに触れ，すがすがしい心をもつこと。
〔第３学年及び第４学年〕
　美しいものや気高いものに感動する心をもつこと。
〔第５学年及び第６学年〕
　美しいものや気高いものに感動する心や人間の力を超えたものに対する畏敬の念をもつこと。

（中学校）
［感動，畏敬の念］
　美しいものや気高いものに感動する心をもち，人間の力を超えたものに対する畏敬の念を深めること。

美しいものや崇高なもの，人間の力を超えたものとの関わりにおいて，それらに感動する心や畏敬の念をもつことに関する内容項目である。

### (1) 内容項目の概要

日々の科学技術の進歩は目覚ましいものがある。このことによって，私たちは物質的には豊かで快適な毎日を送ることができるようになった。このことから科学が万能であるかのような錯覚をしかねない今日の社会においては，科学の発展を期待し理性の力を信じることと同時に，人間の力では到底説明することができない美への感動や，崇高なものに対する尊敬や畏敬の念をもち，人間としての在り方を見つめ直すことが求められる。

自然が織りなす美しい風景や人の心の奥深さ，清らかさを描いた文学作品などに触れて素直に感動する気持ちや，人の心の優しさや温かさなど気高いものや崇高なものに出会ったときの尊敬する気持ちなどを，児童の心の中により一層育てることが大切である。そのためには，学校における自然体験活動や読書活動など，美しいものや気高いものなどに出会う機会を多様に設定することが求められる。

一方，様々なメディアが発達した昨今，巧みな映像などが私たちに感動を与えてくれることも少なくない。これらも美しいもの気高いものから感動を求めようとする人間の思いの表れである。自然のもの，人工のものと区別するのではなく，美しいもの，清らかなもの，気高いものに接したときの素直な感動を大切にすることが求められる。

### (2) 指導の要点

#### ■ 第１学年及び第２学年

この段階においては，特に，児童の生活の中に存在している身近な自然の美しさや心地よい音楽，芸術作品などに触れて気持ちよさを感じたり，物語などに語られている美しいものや清らかなものに素直に感動したりするような体験を通してすがすがしい心をもてるようにすることが大切である。

指導に当たっては，児童が美しいものに触れて心が揺さぶられたときには，その思いを教師が大切にするとともに，児童の感動を他の児童にも共有できるように働きかけることで，児童自身がもっている初々しい感性を豊かに育んでいくことが考えられる。

#### ■ 第３学年及び第４学年

この段階においては，自然や音楽，物語などの美しいもののみならず，人の心や生き物の行動を含めた気高さなどにも気付くようになる。そのことを通して，美しいものや気高いものに意識的に触れようとする態度を育てることが大切である。こうした体験を積み重ねることによって，想像する力や感じる力がより豊かになっていく。自然の美しさや気高いものに触れて，素直に感動する心を育てていくことが求められる。

指導に当たっては，感性や知性が著しく発達する段階であることに配慮して，児童が自然の美しさや人の心の気高さなどを感じ取る心をもっている自分に気付き，その心を大切にし，更に深めていこうとする気持ちを高めるようにすることが重要である。

#### ■ 第５学年及び第６学年

この段階においては，人間のもつ心の崇高さや偉大さに感動したり，真理を求める姿や自分の可能性に無心で挑戦する人間の姿に心を打たれたり，芸術作品の内に秘められた人間の業を超えるものに気付いたり，大自然の摂理に感動しそれを包み込む大いなるものに気付いたりすることなどを通して，それらに畏敬の念をもつことが求められる。

指導に当たっては，文学作品，絵画や造形作品などの美術，壮大な音楽など美しいものとの関わりを通して，感動したり尊敬や畏敬の念を深めたりすることで，人間としての在り方をより深いところから見つめ直すことができるようにすることが大切である。

### 22　よりよく生きる喜び

〔第５学年及び第６学年〕
　よりよく生きようとする人間の強さや気高さを理解し，人間として生きる喜びを感じること。

（中学校）
［よりよく生きる喜び］
　人間には自らの弱さや醜さを克服する強さや気高く生きようとする心があることを理解し，人間として生きることに喜びを見いだすこと。



　よりよく生きようとする人間のよさを見いだし，人間として生きる喜びを感じることに関する内容項目である。

#### (1) 内容項目の概要

　人間は本来，よりよく生きようとする存在であり，そのために人間性をより高めようと努めるすばらしさをもっている。一方で，人間は決して完全なものではない。誰しもが誘惑に負けたり，やすきに流されたりするといった弱さももち合わせている。このようなすばらしさや弱さは決して別々に存在するものではなく，同時に内在しているものである。しかし，人間は決して内在する弱さをそのままにしておく存在ではなく，弱さを羞恥として受け止め，それを乗り越え誇りを感じることを通して，生きることへの喜びを感じる。また，人間の行為の美しさに気付いたとき，人間は強く，また気高い存在になり得るのである。このことが，人間として生きる喜び，あるいは人間がもつ強さや気高さにつながるのである。

　人間としての生きる喜びは，人からほめられたり，認められたりすることだけで生ずるものではない。誰もが悩み，苦しみ，悲しみ，そして良心の呵責（かしゃく）と闘いながら，弱い自分の存在を意識するようになる。そして，誇りや愛情，共によりよく生きていこうとする強さや気高さを理解することによって自分の弱さを乗り越え，人間として生きる喜びを感じることになる。ここでいう人間として生きる喜びとは，弱い自分を乗り越えるだけでなく，自分の良心に従って生きることであり，人間のすばらしさを感得し，よりよく生きていこうとする深い喜びである。

　なお，このような人間の強さや気高さは，例えば，第１学年及び第２学年の段階においては「美しいものに触れ，すがすがしい心をもつこと」，第３学年及び第４学年の段階においては「美しいものや気高いものに感動する心をもつこと」などに関する指導でも育まれている。

### (2) 指導の要点

#### ■ 第５学年及び第６学年

この段階においては，人間であれば誰しもがもっている弱さと同時に，それを乗り越えようとする強さや気高さについて理解することができるようになってくる。児童は，自分自身を人間としてより高めたいという思いや願いをもっている。しかし，様々な障害や困難に出会うことで悩んだり，苦しんだりすることが少なくない。自分自身に十分に自信がもてないでいるために，劣等感にさいなまれたり，人をねたんだり，恨んだり，あるいはうらやましく思ったりすることもある。また，一方では，崇高な人生を送りたいという人間のもつ気高さを求める心ももっている。

したがって，様々な機会に，身の回りにある人間がもっている強さや気高さに気付かせるとともに，そのよさや意義を十分に理解できるようにすることが大切である。また，自分自身のよさや可能性を自覚することで自らを奮い立たせ，目指す生き方，誇りある生き方に近付くことができるということに目を向けられるようにすることが大切である。

指導に当たっては，まず自分だけが弱いのではないということや，人間がもつ強さ，気高さについて自分自身を振り返ることで理解できるようにすることが大切である。人間の弱さだけを強調したり，弱い自分と気高さの対比に終わったりすることなく，目指す生き方，誇りある生き方に近付けるということが大切である。このように，人間の強さや気高さを理解させることで，誇りある生き方，夢や希望など喜びのある生き方につなげるようにすることが求められる。

# 第4章　指導計画の作成と内容の取扱い

## 第1節　指導計画作成上の配慮事項

**（「第3章　特別の教科　道徳」の「第3　指導計画の作成と内容の取扱い」の1）**

1　各学校においては，道徳教育の全体計画に基づき，各教科，外国語活動，総合的な学習の時間及び特別活動との関連を考慮しながら，道徳科の年間指導計画を作成するものとする。なお，作成に当たっては，第2に示す各学年段階の内容項目について，相当する各学年において全て取り上げることとする。その際，児童や学校の実態に応じ，2学年間を見通した重点的な指導や内容項目間の関連を密にした指導，一つの内容項目を複数の時間で扱う指導を取り入れるなどの工夫を行うものとする。



### 1　指導計画作成の方針と推進体制の確立

道徳科の指導計画については，第3章の第3の1において，「各学校においては，道徳教育の全体計画に基づき，各教科，外国語活動，総合的な学習の時間及び特別活動との関連を考慮しながら，道徳科の年間指導計画を作成するものとする」としている。道徳科の指導は，学校の道徳教育の目標を達成するために行うものであることから，学校においては，校長が道徳教育の方針を明確にし，指導力を発揮して，全教師が協力して道徳教育を展開するため，道徳教育の推進を主に担当する教師（以下「道徳教育推進教師」という。）を中心として，道徳教育の全体計画に基づく道徳科の年間指導計画を作成する必要がある。

### 2　年間指導計画の意義と内容

**(1) 年間指導計画の意義**

年間指導計画は，道徳科の指導が，道徳教育の全体計画に基づき，児童の発達の段階に即して計画的，発展的に行われるように組織された全学年にわたる年間の指導計画である。具体的には，道徳科において指導しようとする内容について，児童の実態や多様な指導方法等を考慮して，学年段階に応じた主題を構成し，この主題を年間にわたって適切に位置付け，配列し，学習指導過程等を示すなど授業を円滑に行うことができるようにするものである。

なお，道徳科の主題は，指導を行うに当たって，何をねらいとし，どのように教材を活用するかを構想する指導のまとまりを示すものであり，「ねらい」とそれを達成するために活用する「教材」によって構成される。

このような年間指導計画は，特に次の諸点において重要な意義をもっている。

ア　6学年間を見通した計画的，発展的な指導を可能にする。

児童，学校及び地域の実態に応じて，年間にわたり，また6学年間を見通した重点的な指導や内容項目間の関連を図った指導を可能にする。

イ　個々の学級において道徳科の学習指導案を立案するよりどころとなる。

道徳科の授業は年間指導計画に基づいて実施することが基本であり，個々の学級の児童の実態に合わせて，年間指導計画における主題の構想を具体化し，学習指導案を具体的に考える際のよりどころとなる。

ウ　学級相互，学年相互の教師間の研修などの手掛かりとなる。

年間指導計画を踏まえて授業前に指導方法等を検討したり，情報を交換したり，授業を実際に参観し合ったりするときの基本的な情報として生かすことができる。

### (2) 年間指導計画の内容

年間指導計画は，各学校において道徳科の授業を計画的，発展的に行うための指針となるものであり，各学校が創意工夫をして作成するものであるが，上記の意義に基づいて，特に次の内容を明記しておくことが必要である。

ア　各学年の基本方針

全体計画に示されている道徳教育の目標に基づき，道徳科における指導について学年ごとの基本方針を具体的に示す。

イ　各学年の年間にわたる指導の概要

具備することが求められる事項としては，次のものがある。

(ｱ) 指導の時期

学年ごとの実施予定の時期を記載する。

(ｲ) 主題名

ねらいと教材で構成した主題を，授業の内容が概観できるように端的に表したものを記述する。

(ウ) ねらい

道徳科の内容項目を基に，ねらいとする道徳的価値や道徳性の様相を端的に表したものを記述する。

(エ) 教材

教科用図書やその他，授業において用いる副読本等の中から，指導で用いる教材の題名を記述する。なお，その出典等を併記する。

(オ) 主題構成の理由

ねらいを達成するために教材を選定した理由を簡潔に示す。

(カ) 学習指導過程と指導の方法

ねらいを踏まえて，教材をどのように活用し，どのような学習指導過程や指導方法で学習を進めるのかについて簡潔に示す。



(キ) 他の教育活動等における道徳教育との関連

他の教育活動において授業で取り上げる道徳的価値に関わってどのような指導が行われるのか，日常の学級経営においてどのような配慮がなされるのかなどを示す。

(ク) その他

例えば，校長や教頭などの参加，他の教師の協力的な指導の計画，保護者や地域の人々の参加・協力の計画，複数の時間取り上げる内容項目の場合は各時間の相互の指導の関連などの構想，年間指導計画の改善に関わる事項を記述する備考欄などを示すことが考えられる。

なお，道徳科の指導の時期，主題名，ねらい及び教材を一覧にした配列表だけでは年間指導計画としては機能しにくい。そのような一覧表を示す場合においても，学習指導過程等を含むものなど，各時間の指導の概要が分かるようなものを加えることが求められる。

## 3　年間指導計画作成上の創意工夫と留意点

年間指導計画を活用しやすいものにし，指導の効果を高めるために，特に創意工夫し留意すべきこととして次のことが挙げられる。

### (1) 主題の設定と配列を工夫する

ねらいと教材で構成する主題の設定においては，特に主題に関わる道徳教育の状況，それに伴う児童の実態などを考慮する。まず，ねらいとしては，道徳的価値の理解に基づいて自己を見つめるための根源的なものを押さえておく必要がある。また，教材は，ねらいとの関連において児童が自分との関わりで考えることができるものを適切に選択する。

さらに，主題の配列に当たっては，主題の性格，他の教育活動との関連，地域社会の行事，季節的変化などを十分に考慮することが望まれる。

### (2) 計画的，発展的な指導ができるように工夫する

内容項目相互の関連性や，学年段階ごとの発展性を考慮して，６学年間を見通した計画的，発展的な指導が行えるよう心掛ける。また，児童が進学する中学校における道徳科との関連を図るよう工夫することも望まれる。

### (3) 重点的指導ができるように工夫する

各学年段階の内容項目の指導については，児童や学校の実態に応じて重点的指導を工夫し，内容項目全体の効果的な指導が行えるよう配慮する必要がある。その場合には，学校が重点的に指導しようとする内容項目の指導時間数を増やし，一定の期間をおいて繰り返し取り上げる，何回かに分けて指導するなどの配列を工夫したり，内容項目によっては，ねらいや教材の質的な深まりを図ったり，問題解決的な学習など，多様な指導方法を用いたりするなどの工夫が考えられる。

### (4) 各教科等，体験活動等との関連的指導を工夫する

年間にわたって位置付けた主題については，各教科等との関連を図ることで指導の効果が高められる場合は，指導の内容及び時期を配慮して年間指導計画に位置付けるなど，具体的な関連の見通しをもつことができるようにする。

また，集団宿泊活動やボランティア活動，自然体験活動などの道徳性を養うための体験活動と道徳科の指導の時期や内容との関連を考慮し，道徳的価値の理解を基に自己を見つめるなどの指導の工夫を図ることも大切である。

### (5) 複数時間の関連を図った指導を取り入れる

道徳科においては，一つの主題を１単位時間で取り扱うことが一般的であるが，内容によっては複数の時間の関連を図った指導の工夫などを計画的に位置付けて行うことも考えられる。例えば，一つの主題を２単位時間にわたって指導し，道徳的価値の理解に基づいて自己を見つめる学習を充実させる方法，重点的な指導を行う内容を複数の教材による指導と関連させて進める方法など，様々な方法が考えられる。

### (6) 特に必要な場合には他学年段階の内容を加える

道徳科の内容が学年段階ごとに児童の発達の段階等を踏まえて示されている意義を理解し，全体にわたる効果的な指導を工夫することを基本とする。なお，特に必要な場合には，当該学年の内容の指導を行った上で学校の特色や実態，課題などに応じて他学年段階の内容を加えることができる。

### (7) 計画の弾力的な取扱いについて配慮する

年間指導計画は，学校の教育計画として意図的，計画的に作成されたものであり，指導者の恣意による不用意な変更や修正が行われるべきではない。変更や修正を行う場合は，児童の道徳性を養うという観点から考えて，より大きな効果を期待できるという判断を前提として，学年などによる検討を経て校長の了解を得ることが必要である。

そして，変更した理由を備考欄などに記入し，今後の検討課題にすることが大切である。

なお，年間指導計画の弾力的な取扱いについては，次のような場合が考えられる。

ア　時期，時数の変更

児童の実態などに即して，指導の時期，時数を変更することが考えられる。しかし，指導者の恣意による変更や，あらかじめ年間指導計画の一部を空白　にしておくことは，指導計画の在り方から考えて，避けなければならない。

イ　ねらいの変更

年間指導計画に予定されている主題のねらいを一部変更することが考えられる。ねらいの変更は，年間指導計画の全体構想の上に立ち，協議を経て行うことが大切である。

ウ　教材の変更

主題ごとに主に用いる教材は，ねらいを達成するために中心的な役割を担うものであり，安易に変更することは避けなければならない。変更する場合は，そのことによって一層効果が期待できるという判断を前提とし，少なくとも同一学年の他の教師や道徳教育推進教師と話し合った上で，校長の了解を得て変更することが望ましい。

エ　学習指導過程，指導方法の変更

学習指導過程や指導方法については，児童や学級の実態などに応じて適切な方法を開発する姿勢が大切である。しかし，基本的な学習指導過程についての共通理解は大切なことであり，変更する場合は，それらの工夫や成果を校内研修会などで発表するなど意見の交換を積極的に行うことが望まれる。

### (8) 年間指導計画の評価と改善を計画的に行うようにする

年間指導計画に基づく授業が一層効果的に行われるためには，授業実施の反省に基づき，上記により生じた検討課題を踏まえながら，全教師の共通理解の下に，年間指導計画の評価と改善を行うことが必要である。そのためには，日常から実施上の課題を備考欄に記入したり，検討したりするための資料を収集することにも心掛けることが大切である。

# 第２節　道徳科の指導

（「第３章　特別の教科　道徳」の「第１　目標」再掲）

第１章総則の第１の２の(2)に示す道徳教育の目標に基づき，よりよく生きるための基盤となる道徳性を養うため，道徳的諸価値についての理解を基に，自己を見つめ，物事を多面的・多角的に考え，自己の生き方についての考えを深める学習を通して，道徳的な判断力，心情，実践意欲と態度を育てる。

## 1　指導の基本方針



道徳科においては，各教科，外国語活動，総合的な学習の時間及び特別活動における道徳教育と密接な関連を図りながら，年間指導計画に基づき，児童や学級の実態に即して適切な指導を展開しなければならない。そのためには，以下に述べるような指導の基本方針を確認する必要がある。

### (1) 道徳科の特質を理解する

道徳科は，児童一人一人が，ねらいに含まれる一定の道徳的価値についての理解を基に，自己を見つめ，物事を多面的・多角的に考え，自己の生き方についての考えを深める学習を通して，内面的資質としての道徳性を主体的に養っていく時間である。このことを共通に理解して授業を工夫することが大切である。

### (2) 教師と児童，児童相互の信頼関係を基盤におく

道徳科の指導は，児童が道徳的価値に関わる感じ方や考え方を交流し合うことで自己を見つめ，自己の生き方についての考えを深める学習を行う。このような学習を効果的に行えるようにするためには，学級内での信頼関係の構築が基盤となる。教師と児童の信頼関係や児童相互の人間関係を育て，一人一人が自分の感じ方や考え方を伸び伸びと表現することができる雰囲気を日常の学級経営の中でつくるようにすることが大切である。

### (3) 児童の自覚を促す指導方法を工夫する

道徳科の指導の目指すものは，個々の道徳的行為や日常生活の問題処理に終わるものではなく，児童自らが時と場に応じて望ましい行動がとれるような内面的

資質を高めることにある。つまり，道徳科は，道徳的価値についての単なる知的理解に終始したり，行為の仕方そのものを指導したりする時間ではなく，ねらいとする道徳的価値について児童自身がどのように捉え，どのような葛藤があるのか，また道徳的価値を実現することにどのような意味を見いだすことができるのかなど，道徳的価値を自分との関わりにおいて捉える時間である。したがって，児童が道徳的価値を自覚できるよう指導方法の工夫に努めなければならない。

### (4) 児童の発達や個に応じた指導を工夫する

児童には，年齢相応の発達の段階があるとともに，個人差も大きいことに留意し，一人一人の感じ方や考え方を大切にした授業の展開を工夫することにより，児童が現在の自分の在り方やこれからの生き方を積極的に考えられるようにする。



### (5) 問題解決的な学習，体験的な活動など多様な指導方法の工夫をする

学校生活を送る上では，例えば，相反する道徳的価値について，どちらか一方の選択を求められる場面も数多く存在する。その場合の多くは，答えは一つではなく正解は存在しない。こうした問題について，多面的・多角的に考察し，主体的に判断し，よりよく生きていくための資質・能力を養うためには，児童が道徳的価値を自分との関わりで考えることができるような問題解決的な学習を取り入れることが有効である。また，学校の教育活動全体で行う道徳教育の要として，それぞれの教育活動で行われた指導を補ったり，深めたり，まとめたりするなどの役割を果たす道徳科の特質を踏まえ，ねらいに含まれる道徳的価値の側面から他の教育活動との関連を把握し，それを生かした授業を工夫することが大切である。

さらに，道徳性が効果的に養えるように，児童の日常的な体験はもちろんのこと，集団宿泊活動やボランティア活動，自然体験活動など，多様な体験活動を生かした授業を工夫し，道徳的価値のもつ意味や大切さについて深く考えられるようにする。

### (6) 道徳教育推進教師を中心とした指導体制を充実する

道徳科の指導を計画的に推進し，また，それぞれの授業を魅力的なものとして効果を上げるためには，校長の方針の下に学校の全教師が協力しながら取組を進

めていくことが大切である。校長の方針を明確にし，道徳教育推進教師を中心とした指導体制の充実を図るとともに，道徳科の授業への校長や教頭などの参加，他の教師との協力的指導，保護者や地域の人々の参加や協力などが得られるように工夫することが大切である。

## 2 道徳科の特質を生かした学習指導の展開

### (1) 道徳科の学習指導案

ア　道徳科の学習指導案の内容

道徳科の学習指導案は，教師が年間指導計画に位置付けられた主題を指導するに当たって，児童や学級の実態に即して，教師自身の創意工夫を生かして作成する指導計画である。具体的には，ねらいを達成するために，道徳科の特質を生かして，何を，どのような順序，方法で指導し，評価し，さらに主題に関連する本時以外の指導にどのように生かすのかなど，学習指導の構想を一定の形式に表現したものである。

学習指導案は，教師の指導の意図や構想を適切に表現することが好ましく，各教師の創意工夫が期待される。したがって，その形式に特に決まった基準はないが，一般的には次のような事項が取り上げられている。

(ｱ) 主題名

原則として年間指導計画における主題名を記述する。

(ｲ) ねらいと教材

年間指導計画を踏まえてねらいを記述するとともに教材名を記述する。

(ｳ) 主題設定の理由

年間指導計画における主題構成の背景などを再確認するとともに，①ねらいや指導内容についての教師の捉え方，②それに関連する児童のこれまでの学習状況や実態と教師の願い，③使用する教材の特質やそれを生かす具体的な活用方法などを記述する。

記述に当たっては，児童の肯定的な面やそれを更に伸ばしていこうとする観点からの積極的な捉え方を心掛けるようにする。また，抽象的な捉え方をするのではなく，児童の学習場面を予想したり，発達の段階や指導の流れを踏まえたりしながら，より具体的で積極的な教材の生かし方を記述するようにする。

(ｴ) 学習指導過程

ねらいに含まれる道徳的価値について，児童が道徳的価値についての理解を基に，自己を見つめ，物事を多面的・多角的に考え，自己の生き方についての考えを深めることができるようにするための教師の指導と児童の学習の手順を示すものである。一般的には，学習指導過程を導入，展開，終末の各段階に区分し，児童の学習活動，主な発問と予想される児童の発言，指導上の留意点，指導の方法，評価の観点などを指導の流れに即して記述することが多い。

(ｵ) その他

例えば，他の教育活動などとの関連，評価の観点，教材分析，板書計画，校長や教頭などの参加，他の教師との協力的な指導，保護者や地域の人々の参加や協力など，授業が円滑に進められるよう必要な事柄を記述する。

イ　学習指導案作成の主な手順

学習指導案の作成の手順は，それぞれの状況に応じて異なるが，おおむね次のようなことが考えられる。

(ｱ) ねらいを検討する

指導の内容や教師の指導の意図を明らかにする。

(ｲ) 指導の重点を明確にする

ねらいに関する児童の実態と，それを踏まえた教師の願いを明らかにし，各教科等での指導との関連を検討して，指導の要点を明確にする。

(ｳ) 教材を吟味する

教科用図書や副読本等の教材について，授業者が児童に考えさせたい道徳的価値に関わる事項がどのように含まれているかを検討する。

(ｴ) 学習指導過程を構想する

ねらい，児童の実態，教材の内容などを基に，授業全体の展開について考える。その際，児童がどのような問題意識をもって学習に臨み，ねらいとする道徳的価値を理解し，自己を見つめ，多様な感じ方や考え方によって学び合うことができるのかを具体的に予想しながら，それらが効果的になされるための授業全体の展開を構想する。

また，学習指導過程の構想に当たっては，指導の流れ自体が，特定の価値観を児童に教え込むような展開となることのないよう，児童が道徳的価値に関わる事象を主体的に考え，また，児童同士の話合いを通してよりよい生き方を導き出していくというような展開も効果的である。

ウ　学習指導案作成上の創意工夫

学習指導案の作成に当たっては，これらの手順を基本としながらも，さらに，児童の実態，指導の内容や意図等に応じて工夫していくことが求められる。特に，重点的な指導や体験活動を生かす指導，複数時間にわたる指導，多様な教材の活用，校長や教頭などの参加，他の教師との協力的な指導，保護者や地域の人々の参加や協力などの工夫が求められることから，多様な学習指導案を創意工夫していくことが求められる。

学習指導案は，誰が見てもよく分かるように形式や記述を工夫するとともに，研修等を通じてよりよいものへと改善し，次回の指導に生かせるように学校として蓄積していくことも大切である。

### (2) 道徳科の特質を生かした学習指導

道徳科の指導においては，児童一人一人が道徳的価値についての理解を基に，自己を見つめ，物事を多面的・多角的に考え，自己の生き方についての考えを深めることで道徳性を養うという特質を十分考慮し，それに応じた学習指導過程や指導方法を工夫することが大切である。それとともに，児童が自らのよさや成長を実感できるように工夫することが求められる。



道徳科の学習指導過程には，特に決められた形式はないが，一般的には以下のように，導入，展開，終末の各段階を設定することが広く行われている。このような指導を基本とするが，教師の指導の意図や教材の効果的な活用などに合わせて弾力的に扱うなどの工夫をすることが大切である。

ア　導入の工夫

導入は，主題に対する児童の興味や関心を高め，ねらいの根底にある道徳的価値の理解を基に自己を見つめる動機付けを図る段階であると言われる。

具体的には，本時の主題に関わる問題意識をもたせる導入，教材の内容に興味や関心をもたせる導入などが考えられる。

イ　展開の工夫

展開は，ねらいを達成するための中心となる段階であり，中心的な教材によって，児童一人一人が，ねらいの根底にある道徳的価値の理解を基に，自己を見つめる段階であると言われる。

具体的には，児童の実態と教材の特質を押さえた発問などをしながら進めていく。そこでは，教材に描かれている道徳的価値に対する児童一人一人の感じ方や考え方を生かしたり，物事を多面的・多角的に考えたり，児童が自分との関わりで道徳的価値を理解したり，自己を見つめるなどの学習が深まるように留意する。児童がどのような問題意識をもち，どのようなことを中心にして自分との関わりで考えを深めていくのかについて主題が明瞭となった学習を心掛ける。

ウ　終末の工夫

終末は，ねらいの根底にある道徳的価値に対する思いや考えをまとめたり，道徳的価値を実現することのよさや難しさなどを確認したりして，今後の発展につなぐ段階であると言われる。

この段階では，学習を通して考えたことや新たに分かったことを確かめたり，学んだことを更に深く心にとどめたり，これからへの思いや課題について考えたりする学習活動などが考えられる。

## 3 学習指導の多様な展開

道徳科の学習指導を構想する際には，学級の実態，児童の発達の段階，指導の内容や意図，教材の特質，他の教育活動との関連などに応じて柔軟な発想をもつことが大切である。そのことによって，例えば，次のような学習指導を構想することができる。

### (1) 多様な教材を生かした指導

道徳科では，道徳的な行為を題材とした教材を用いることが広く見られる。教材については，例えば，伝記，実話，意見文，物語，詩，劇などがあり，多様な形式のものを用いることができる。それらを学習指導で効果的に生かすには，登場人物の立場に立って自分との関わりで道徳的価値について理解したり，そのことを基にして自己を見つめたりすることが求められる。また，教材に対する感動を大事にする展開にしたり，道徳的価値を実現する上での迷いや葛藤を大切にした展開，知見や気付きを得ることを重視した展開，批判的な見方を含めた展開にしたりするなどの学習指導過程や指導方法の工夫が求められる。その際，教材から読み取れる価値観を一方的に教え込んだり，登場人物の心情理解に偏ったりした授業展開とならないようにするとともに，児童が道徳的価値を自分との関わりで考えることができるように問題解決的な学習を積極的に導入することが求められる。

### (2) 体験の生かし方を工夫した指導

児童は，学校の教育活動や日常生活において様々な体験をしている。その中で，様々な道徳的価値に触れ，自分との関わりで感じたり考えたりしている。道徳科においては，児童が日常の体験やそのときの感じ方や考え方を生かして道徳的価値の理解を深めたり，自己を見つめたりする指導の工夫をすることが大切である。

### (3) 各教科等と関連をもたせた指導

例えば，国語科における物語文の学習，社会科における郷土や地域の学習，体育科におけるチームワークを重視した学習，特別活動における集団形成の学習など，各教科等と道徳科の指導のねらいが同じ方向であるとき，学習の時期を考慮したり，相互に関連を図ったりして指導を進めると，指導の効果を一層高めることができる。その際，各教科等と道徳科それぞれの特質が生かされた関連となるように配慮することが大切である。

### (4) 道徳科に生かす指導方法の工夫

道徳科に生かす指導方法には多様なものがある。ねらいを達成するには，児童の感性や知的な興味などに訴え，児童が問題意識をもち，主体的に考え，話し合うことができるように，ねらい，児童の実態，教材や学習指導過程などに応じて，最も適切な指導方法を選択し，工夫して生かしていくことが必要である。

そのためには，教師自らが多様な指導方法を理解したり，コンピュータを含む多様な機器の活用方法などを身に付けたりしておくとともに，児童の発達の段階などを捉え，指導方法を吟味した上で生かすことが重要である。



指導方法の工夫の例としては，次のようなものが挙げられる。

ア　教材を提示する工夫

教材を提示する方法としては，読み物教材の場合，教師による読み聞かせが一般に行われている。その際，例えば，紙芝居の形で提示したり，影絵，人形やペープサートなどを生かして劇のように提示したり，音声や音楽の効果を生かしたりする工夫などが考えられる。また，ビデオなどの映像も，提示する内容を事前に吟味した上で生かすことによって効果が高められる。

なお，多くの情報を提示することが必ずしも効果的だとは言えず，精選した情報の提示が想像を膨らませ，思考を深める上で効果的な場合もあることに留意する。

イ　発問の工夫

教師による発問は，児童が自分との関わりで道徳的価値を理解したり，自己を見つめたり，物事を多面的・多角的に考えたりするための思考や話合いを深める上で重要である。発問によって児童の問題意識や疑問などが生み出され，多様な感じ方や考え方が引き出される。そのためにも，考える必然性や切実感のある発問，自由な思考を促す発問，物事を多面的・多角的に考えたりする発問などを心掛けることが大切である。発問を構成する場合には，授業のねらいに深く関わる中心的な発問をまず考え，次にそれを生かすためにその前後の発問を考え，全体を一体的に捉えるようにするという手順が有効な場合が多い。

ウ　話合いの工夫

話合いは，児童相互の考えを深める中心的な学習活動であり，道徳科においても重要な役割を果たす。考えを出し合う，まとめる，比較するなどの目的に応じて効果的に話合いが行われるよう工夫する。座席の配置を工夫したり，討議形式で進めたり，ペアでの対話やグループによる話合いを取り入れたりするなどの工夫も望まれる。

エ　書く活動の工夫

書く活動は，児童が自ら考えを深めたり，整理したりする機会として，重要な役割をもつ。この活動は必要な時間を確保することで，児童が自分自身とじっくりと向き合うことができる。また，学習の個別化を図り，児童の感じ方や考え方を捉え，個別指導を行う重要な機会にもなる。さらに，一冊のノートなどを活用することによって，児童の学習を継続的に深めていくことができ，児童の成長の記録として活用したり，評価に生かしたりすることもできる。

オ　動作化，役割演技など表現活動の工夫

児童が表現する活動の方法としては，発表したり書いたりすることのほかに，児童に特定の役割を与えて即興的に演技する役割演技の工夫，動きや言葉を模倣して理解を深める動作化の工夫，音楽，所作，その場に応じた身のこなし，表情などで自分の考えを表現する工夫などがよく試みられる。また，実際の場面の追体験や道徳的行為などをしてみることも方法として考えられる。

カ　板書を生かす工夫

道徳科では黒板を生かして話合いを行うことが多く，板書は児童にとって思考を深める重要な手掛かりとなり，教師の伝えたい内容を示したり，学習の順序や構造を示したりするなど，多様な機能をもっている。

板書の機能を生かすために重要なことは，思考の流れや順序を示すような順接的な板書だけでなく，教師が明確な意図をもって対比的，構造的に示したり，中心部分を浮き立たせたりするなどの工夫をすることが大切である。

キ　説話の工夫

説話とは，教師の体験や願い，様々な事象についての所感などを語ったり，日常の生活問題，新聞，雑誌，テレビなどで取り上げられた問題などを盛り込んで話したりすることであり，児童がねらいの根底にある道徳的価値をより身近に考えられるようにするものである。教師が意図をもってまとまった話をすることは，児童が思考を一層深めたり，考えを整理したりするのに効果的である。

教師が自らを語ることによって児童との信頼関係が増すとともに，教師の人間性が表れる説話は，児童の心情に訴え，深い感銘を与えることができる。なお，児童への叱責，訓戒や行為，考え方の押し付けにならないよう注意する必要がある。

# 第３節　指導の配慮事項

## 1　道徳教育推進教師を中心とした指導体制

**（「第３章　特別の教科　道徳」の「第３　指導計画の作成と内容の取扱い」の２）**

(1) 校長や教頭などの参加，他の教師との協力的な指導などについて工夫し，道徳教育推進教師を中心とした指導体制を充実すること。

道徳科は，主として学級の児童を周到に理解している学級担任が計画的に進めるものであるが，学校の道徳教育の目標を達成させる意味から学校や学年として一体的に進めるものでなくてはならない。そのために，指導に際して全教師が協力し合う指導体制を充実することが大切になる。



### (1) 協力的な指導などについての工夫

道徳科の指導体制を充実するための方策としては，まず，全てを学級担任任せにするのではなく，特に効果的と考えられる場合は，道徳科における実際の指導において他の教師などの協力を得ることが考えられる。校長や教頭などの参加による指導，他の教職員とのティーム・ティーチングなどの協力的な指導，校長をはじめとする管理職や他の教員が自分の得意分野を生かした指導を行うことなど，学校の教職員が協力して指導に当たることができるような年間指導計画を工夫することなどを，学校としての方針の下に道徳教育推進教師が中心となって進めることが大切である。なお，校長等が授業に参加する際は，道徳科の特質を十分に理解して臨む必要がある。いずれの場合においても，授業にねらいをもたせ計画的に行われなければならない。

また，道徳科の授業を実施しやすい環境を整えることも重要である。校長の方針の下に，道徳科で用いる教材や図書の準備，掲示物の充実，教材コーナーの整備などを教員で分担して進められるように道徳教育推進教師が呼び掛けをしたり，具体的な作業の場を設定したりすることが考えられる。

さらに，小学校・中学校間の滑らかな接続を意識した取組も大切である。近隣の中学校と連携し，例えば，互いに道徳科の授業参観をして学び合い，意見交換を行ったり，授業に参加したりすることも考えられる。これらの推進を道徳教育推進教師が行うことで，計画的な学び合いの場の設定や授業の質の高まりが期待できる。

これらのほかにも，授業を実施する上での悩みを抱えた教師の相談役になったり，情報提供をしたりして援助することや，道徳科に関する授業研修の実施，道徳科の授業公開や情報発信などを，道徳教育推進教師が中心となって協力して進めることが考えられる。

道徳教育推進教師は，学校の教育活動全体を通じて行う道徳教育においても調整役などの役割を果たすことになるが，道徳科においてその充実を図る際も，校長は学校として道徳教育推進教師の位置付けを明確にし，適切な人材を充てるとともに，そのリーダーシップや連絡調整の下で全教職員が主体的な参画意識をもってそれぞれの役割を担うように努めることが重要である。中でも，道徳科の指導力向上のために全ての教師が，授業の準備，実施，振り返りの各プロセスを含め，道徳科の学習指導案の作成や授業実践を少なくとも年に１回は担当して授業を公開するなど学校全体での積極的な取組も望まれる。そのために，例えば，道徳科の授業改善を推進するための推進委員会などの組織を設けることも大切である。



**(2) 指導体制の充実と道徳科**

このような指導体制の充実によって次のような多様な利点や効果を生み出すことができると考えられる。

第一は，学校としての道徳科の指導方針が具体化され指導の特色が明確になることである。毎時間の指導は，学校としての年間指導計画に基づいて計画的，発展的に行われるものであることを，全教師が考慮しながら進めることができる。

第二は，授業を担当する全教師が，児童の実態や授業の進め方などに問題意識をもつことができることである。その中で教師相互の学習指導過程や指導方法等の学び合いが促され，道徳科の特質の理解の深まりや授業の質の向上につながる。

第三は，学校の全ての教職員が各学級や一人一人の児童に関心をもち，学校全体で児童の道徳性を養おうとする意識をもつようになることである。道徳科の指導の充実が，学校全体で進める道徳教育を一層充実させる力となる。

第四は，道徳科の推進に関わる教材や協力を依頼する保護者，地域等の人材の情報が学校として組織的に集約され，それらを活用してねらいに即した効果的な授業が一層計画的に実施されることにつながる。

各学校においては，自校の道徳科の実施状況やそこに見られる課題を押さえた上で改善を図り，このような成果が広く生み出されるように，校長の責任と方針の下で道徳教育推進教師を中心として見通しをもった授業の充実を図ることが望まれる。

## 2　道徳科の特質を生かした計画的・発展的な指導

**（「第３章　特別の教科　道徳」の「第３　指導計画の作成と内容の取扱い」の２）**

(2) 道徳科が学校の教育活動全体を通じて行う道徳教育の要としての役割を果たすことができるよう，計画的・発展的な指導を行うこと。特に，各教科，外国語活動，総合的な学習の時間及び特別活動における道徳教育としては取り扱う機会が十分でない内容項目に関わる指導を補うことや，児童や学校の実態等を踏まえて指導をより一層深めること，内容項目の相互の関連を捉え直したり発展させたりすることに留意すること。

道徳科の特質は，学校の教育活動全体を通じて行う道徳教育の要として，道徳的諸価値についての理解を基に，自己を見つめ，物事を多面的・多角的に考え，自己の生き方についての考えを深める学習を通して道徳性を養うことである。

各教科等で行う道徳教育は，全体計画によって計画的に行うものもあれば，児童の日々の教育活動の中で見られる具体的な行動の指導を通して対処的に行うものもある。道徳科の指導は，学校の道徳教育の目標に向かって，教育活動全体を通じて行う道徳教育との関連を図りながら計画的・発展的に行うものである。

### (1) 計画的，発展的な指導

道徳科の大きな特徴は，学校の教育活動全体を通じて行う道徳教育との関連を明確にして，児童の発達の段階に即しながら，「第３章　特別の教科　道徳」の「第２　内容」に示された道徳的諸価値に含まれた内容を全体にわたって計画的，発展的に指導するところにある。そのためには，学校が，地域や学校の実態及び児童の発達の段階や特性等を考慮し，教師の創意工夫を加えて，「第２　内容」の全てについて確実に指導することができる見通しのある年間指導計画を作成する必要がある。

### (2) 学校の教育活動全体を通じて行う道徳教育の要としての道徳科

道徳科は，各教科，外国語活動，総合的な学習の時間及び特別活動など学校の教育活動全体を通じて行われる道徳教育の要としての役割を担っている。

各教科等で行う道徳教育としては取り扱う機会が十分でない内容項目に関わる指導を補う補充や，児童や学校の実態等を踏まえて指導をより一層深める深化，内容項目の相互の関連を捉え直したり発展させたりする統合の役割を担っているのである。

児童は，学校の諸活動の中で多様な道徳的価値について感じたり考えたりするが，各教科等においてもその特質があるために，その全てについて考える機会があるとは限らない。道徳科は，このように学校の諸活動で考える機会を得られにくい道徳的価値などについて補う役割がある。

また，児童は，各教科においてそれぞれの特質に応じて道徳性を養うための学習を行うが，各教科等の指導には各教科等特有のねらいがあることから，その中では道徳的価値の意味などについて必ずしもじっくりと考え，深めることができているとは限らない。道徳科は，このように道徳的価値の意味やそれと自己との関わりについて一層考えを深める役割を担っている。

さらに，各教科等における道徳教育の中で多様な体験をしていたとしても，それぞれがもつ道徳的価値の相互の関連や，自己との関わりにおいての全体的なつながりなどについて考えないまま過ごしてしまうことがある。道徳科は，道徳的価値に関わる諸事象を，捉え直したり発展させたりして，児童に新たな感じ方や考え方を生み出すという統合としての役割もある。

このことを児童の立場から見ると，道徳科は，各教科，外国語活動，総合的な学習の時間及び特別活動などで学習した道徳的諸価値を，全体にわたって人間としての在り方や生き方という視点から捉え直し，それらを発展させていこうとする時間ということになる。

学校の教育活動全体を通じて行う道徳教育の指導の充実が，道徳科の指導の充実につながることの意味を深く理解し，その要としての重要な役割を再認識して，計画的・発展的な指導を行うようにしなければならない。

## 3　児童が主体的に道徳性を養うための指導

> **（「第３章　特別の教科　道徳」の「第３　指導計画の作成と内容の取扱い」の２）**
>
> (3) 児童が自ら道徳性を養う中で，自らを振り返って成長を実感したり，これからの課題や目標を見付けたりすることができるよう工夫すること。その際，道徳性を養うことの意義について，児童自らが考え，理解し，主体的に学習に取り組むことができるようにすること。

道徳教育の本来の使命に鑑みれば，特定の価値観を押し付けたり，主体性をもたず言われるままに行動するように指導したりすることは，道徳教育が目指す方向の対極にあるものと言わなければならない。

むしろ，多様な価値観の，時に対立がある場合を含めて，人間としてよりよく生きるために道徳的価値に向き合い，いかに生きるべきかを自ら考え続ける姿勢こそ道徳教育が求めるものと言える。



### (1) 自らの成長を実感したり，これからの課題や目標を見付けたりする

授業では，学習の始めに児童自らが学びたいという課題意識や課題追究への意欲を高め，学習の見通しなどをもたせることが大切である。道徳科においても，それらを踏まえ，教材や児童の生活体験などを生かしながら，一定の道徳的価値に関わる物事を多面的・多角的に捉えることができるようにする必要がある。さらに，理解した道徳的価値から自分の生活を振り返り，自らの成長を実感したり，これからの課題や目標を見付けたりすることが望まれる。

そのため，道徳的価値や児童自身の生活について多様な観点から捉え直し，自らが納得できる考えを導き出す上で効果的な教材を選択したり，その教材の特質を生かすとともに，一人一人が意欲的で主体的に取り組むことができる表現活動や話合い活動を仕組んだり，学んだ道徳的価値に照らして，自らの生活や考えを見つめるための具体的な振り返り活動を工夫したりすることが必要である。さらに，必要に応じて，授業開始時と終了時における考えがどのように変わったのかが分かるような活動を工夫することも効果的である。

また，特定の価値観の押し付けにならないよう，学年段階に応じて，道徳科における主体的かつ効果的な学び方を児童自らが考えることができるような工夫をすることが大切である。そして，児童の発達の段階に応じて，児童自らが道徳的価値を実現するための課題や目標，及び道徳性を養うことのよさや意義について

考えることができるような指導を工夫することも大切である。

なお，年度当初に，道徳科の学習全体を見通し，学年始めの自分の有様やこれからの自らの課題や目標を捉えるための学習を行うことも効果的である。そして，その望ましい自分の在り方を求めて，年度途中や年度末に，それまでの学習や自分自身を適宜振り返ることで，自らの道徳的な成長を実感したり，新たな課題や目標をもったりする学習を工夫することもよい。そのことによって，道徳的価値や自らの生き方について引き続き考え続ける態度を養い，一層長い期間の中で，主体的で意欲的に生き方を学ぶ道徳科の学習とすることができる。

そのためにも，教師自らが児童と共に自らの道徳性を養い，よりよく生きようという姿勢を大切にし，日々の授業の中で愛情をもった児童への指導をすることが重要となる。

### (2) 道徳科における児童の主体的な学習



学校教育は，関係法令及び学習指導要領に基づいて編成された教育課程を実施することが求められており，年間指導計画等に従って全ての教師が意図的，計画的に指導することが重要である。しかし，このことは指導内容を単に児童に注入することではない。指導内容を児童が自分との関わりで捉え，切実感をもって学習することで真に児童が習得することにつながるものである。そのためには，児童の主体的な学びが必要になる。学習指導においては，児童自らが主体的に学ぶための教師の創意工夫が求められる。

道徳科の授業では，教師が特定の価値観を児童に押し付けたり，児童が指示通りに主体性をもたず言われるままに行動するよう指導したりすることは，目指す方向の対極にあるものである。また，多様な価値観の，時に対立がある場合を含めて，人間としてよりよく生きるために道徳的価値に向き合い，いかに生きるべきかを自ら考え続ける姿勢が求められるのである。

このようなことから，道徳的価値の理解を基に自己を見つめるなどの授業を行った場合には，児童が道徳的価値を自分との関わりで捉え，自らの将来に進んで生かそうとする姿勢をもてるような主体的な学習にすることが求められる。その際，児童が道徳的価値について主体的に考えることができるよう問題解決的な学習や体験的な学習を取り入れるなど，教材に応じて効果的な学習を設定することが必要である。

## 4　多様な考え方を生かすための言語活動

**（「第３章　特別の教科　道徳」の「第３　指導計画の作成と内容の取扱い」の２）**
(4) 児童が多様な感じ方や考え方に接する中で，考えを深め，判断し，表現する力などを育むことができるよう，自分の考えを基に話し合ったり書いたりするなどの言語活動を充実すること。

学校の教育活動全体で言葉を生かした教育の充実が求められている。言語は，知的活動だけでなく，コミュニケーションや感性，情緒の基盤である。道徳科においても，言葉を生かした教育についての充実が図られなければならない。

### (1) 道徳科における言葉の役割

道徳科において行われる道徳的諸価値についての理解を基に，自己を見つめ，物事を多面的・多角的に考え，自己の生き方についての考えを深める学習では，道徳的価値を含んだ教材を基に，児童が自分の体験や感じ方，考え方を交えながら話合いを深める学習活動を行うことが多い。その意味からも，道徳科における言葉の役割は極めて大きいと言える。

国語科では言葉に関わる基本的な能力が培われるが，道徳科は，このような能力を基本に，教材や体験などから感じたこと，考えたことをまとめ，発表し合ったり，話合いなどにより異なる感じ方，考え方に接し，協働的に議論したりする。例えば，教材の内容や登場人物の気持ちや行為の動機などを自分との関わりで考える。友達の考えを聞いたり，自分の考えを伝えたり，話し合ったり，書いたりする。さらに，学校内外での様々な体験を通して感じ，考えたことを，道徳科の学習で言葉を用いて表現する。これらの中で，言葉の能力が生かされるとともに，道徳的価値の理解などが一層効果的に図られていく。

したがって，道徳科においては，このような言語活動を生かして学習を展開することが，児童自身が考えを深め，判断し，表現する力などを育む上で極めて重要であると考えられる。

### (2) 自分の考えを基に表現する機会の充実

児童が多様な感じ方や考え方に接する中で，考えを深め，判断し，表現する力などを育むためには，児童それぞれに自分の考えをもたせ，効果的に表現させるなどの工夫が必要である。その際，話合いは，道徳科に最もよく用いられる指導方法である。

ア　児童の考えを深め，判断し，表現する力などを育む

児童の考えを深め，判断し，表現する力などを育むためには，児童が多様な感じ方や考え方に接することができるように，何について考えるのかを指導者が明確に示す必要がある。例えば，読み物教材であれば，どの場面の，どの登場人物の，どのような行為や判断，動機などの何について自分との関わりで考えるのかをより的確に，より具体的に示さなければならない。そのためには，指導者自身が，児童観を明確にして，教材の構造やそこに含まれる道徳的価値を深く理解し，さらに，児童の発達の段階や実態を考慮に入れ，児童一人一人が道徳的価値について自分の考えをもつことができるようにすることが大切である。

イ　自分の考えを基に話し合ったり書いたりする

自分の考えを基に話し合ったり書いたりできるようにするためには，話合いの一定のルールなどを身に付けさせることは必要であるが，日頃から何でも言い合え，認め合える学級の雰囲気をつくるとともに，教師が受容的な姿勢をもつことが大切である。また，自分とは異なった考えに接する中で自分の感じ方や考え方が明確になるなど，学習が深まるということを，日頃の経験を通して実感させるように努めることが求められる。

一方，話合いとともに，書くことも重要である。児童にとって書くことは考えることであるとも言える。また，そのことによって，それまで曖昧であった自分の考えが整理されたり，日頃は意識していない体験や自分自身の状況を想起したりする。これらの言語活動を道徳科の学習に取り入れることにより，児童は道徳的価値をより強く自分との関わりで捉えることができるようになる。



### (3) 道徳科に生かす言語活動

道徳的価値の理解に基づいて自己を見つめ，自己の生き方についての考えを深める観点から，話し合う活動や書く活動など児童一人一人の感じ方や考え方を表現する機会を充実し，自らの道徳的な成長を実感できるようにすることが大切である。

具体的に次のような指導方法の工夫が考えられる。

ア　児童が問題意識をもち，意欲的に考え，主体的に話し合うことができるよう，ねらい，児童の実態，教材や学習指導過程などに応じて，発問，話合い，書く活動，表現活動などを工夫する。

イ　教材や体験などから感じたこと，考えたことをまとめ，発表し合ったり，

話合いなどにより異なる考えに接し，多面的・多角的に考え，協働的に議論したりするなどの工夫をする。

ウ　道徳的諸価値に関わる様々な課題について議論を行い自分との関わりで考察できるような工夫をする。

## 5　問題解決的な学習など多様な方法を取り入れた指導

**（「第３章　特別の教科　道徳」の「第３　指導計画の作成と内容の取扱い」の２）**

(5) 児童の発達の段階や特性等を考慮し，指導のねらいに即して，問題解決的な学習，道徳的行為に関する体験的な学習等を適切に取り入れるなど，指導方法を工夫すること。その際，それらの活動を通じて学んだ内容の意義などについて考えることができるようにすること。また，特別活動等における多様な実践活動や体験活動も道徳科の授業に生かすようにすること。



道徳科においては，道徳的諸価値についての理解を基に，自己を見つめ，物事を多面的・多角的に考え，自己の生き方についての考えを深める学習を行う。こうした道徳科の特質を生かすことに効果があると判断した場合には，多様な方法を活用して授業を構想することが大切である。道徳科の特質を生かした授業を行う上で，各教科等と同様に問題解決的な学習や体験的な学習等を有効に活用することが重要である。

### (1) 問題解決的な学習の工夫

道徳科における問題とは道徳的価値に根差した問題であり，単なる日常生活の諸事象とは異なる。道徳科における問題解決的な学習とは，ねらいとする道徳的諸価値について自己を見つめ，これからの生き方に生かしていくことを見通しながら，実現するための問題を見付け，どうしてそのような問題が生まれるのかを調べたり，他者の感じ方や考え方を確かめたりと物事を多面的・多角的に考えながら課題解決に向けて話し合うことである。そして，最終的には児童一人一人が道徳的諸価値のよさを理解し，自分との関わりで道徳的価値を捉え，道徳的価値を自分なりに発展させていくことへの思いや課題が培われるようにすることである。

例えば，ねらいとする道徳的価値の理解を図る際に，その意義などについて考え，道徳的価値を実現することのよさは理解できるものの，人間としての弱さがあり，実現することが難しいという場合がある。このような課題について児童が自分の体験やそれに伴う感じ方や考え方を基に自分なりの考えをもち，友達との話合いを通して道徳的価値のよさや難しさを確かめるような問題解決的な学習が考えられる。児童が問題意識をもって学習に臨み，ねらいとする道徳的価値を追求し，多様な感じ方や考え方によって学ぶことができるようにするためには，指導方法の工夫が大切である。

例えば，主題に対する児童の興味や関心を高める導入の工夫，他者の考えと比べ自分の考えを深める展開の工夫，主題を自分との関わりで捉え自己を見つめ直し，発展させていくことへの希望がもてるような終末の工夫などがある。

また，問題解決的な学習では，教師と児童，児童相互の話合いが十分に行われることが大切であり，教師の発問の仕方の工夫などが重要である。さらに，話合いでは学習形態を工夫することもでき，一斉による学習だけでなく，ペアや少人数グループなどでの学習も有効である。



道徳科において問題解決的な学習を取り入れた場合には，その課題を自分との関わりで見つめたときに，自分にはどのようなよさがあるのか，どのような改善すべきことがあるのかなど，考え，話し合うことを通して，児童一人一人が課題に対する答えを導き出すことが大切である。そのためにも，授業では自分の気持ちや考えを発表することだけでなく，時間を確保してじっくりと自己を見つめて書くことなども有効であり，指導方法の工夫は不可欠である。ただし，この場合，話し合う場面を設定すること，ペアや少人数グループなどでの学習を導入することが目的化してしまうことがないよう，指導の意図に即して，取り入れられる手法が適切か否かをしっかり吟味する必要がある。

### (2) 道徳的行為に関する体験的な学習等を取り入れる工夫

道徳的諸価値を理解したり，自分との関わりで多面的，多角的に考えたりするためには，例えば，実際に挨拶や丁寧な言葉遣いなど具体的な道徳的行為を通して，礼儀のよさや作法の難しさなどを考えたり，相手に思いやりのある言葉を掛けたり，手助けをして親切についての考えを深めたりするような道徳的行為に関する体験的な学習を取り入れることが考えられる。さらに，読み物教材等を活用した場合には，その教材に登場する人物等の言動を即興的に演技して考える役割演技など疑似体験的な表現活動を取り入れた学習も考えられる。

これらの方法を活用する場合は，単に体験的行為や活動そのものを目的として行うのではなく，授業の中に適切に取り入れ，体験的行為や活動を通じて学んだ内容から道徳的価値の意義などについて考えを深めるようにすることが重要である。

### (3) 特別活動等の多様な実践活動等を生かす工夫

道徳科において実践活動や体験活動を生かす方法は多様に考えられ，各学校で児童の発達の段階等を考慮して年間指導計画に位置付け，実施できるようにすることが大切である。例えば，ある体験活動の中で感じたことや考えたことを道徳科の話合いに生かすことで，児童の関心を高め，道徳的実践を主体的に行う意欲と態度を育む方法などが考えられる。特に特別活動において，道徳的価値を意図した実践活動や体験活動が計画的に行われている場合は，そこでの児童の体験を基に道徳科において考えを深めることが有効である。

学校が計画的に実施する体験活動は，児童が共有することができ，学級の全児童が共通の関心などをもとに問題意識を高めて学習に取り組むことが可能になるため，それぞれの指導相互の効果を高めることが期待できる。

## 6 情報モラルと現代的な課題に関する指導



**(「第３章 特別の教科 道徳」の「第３ 指導計画の作成と内容の取扱い」の２)**

(6) 児童の発達の段階や特性等を考慮し，第２に示す内容との関連を踏まえつつ，情報モラルに関する指導を充実すること。また，児童の発達の段階や特性等を考慮し，例えば，社会の持続可能な発展などの現代的な課題の扱いにも留意し，身近な社会的課題を自分との関係において考え，それらの解決に寄与しようとする意欲や態度を育てるよう努めること。なお，多様な見方や考え方のできる事柄について，特定の見方や考え方に偏った指導を行うことのないようにすること。

### (1) 情報モラルに関する指導

社会の情報化が進展する中，児童は，学年が上がるにつれて，次第に情報機器を日常的に用いる環境の中に入っており，学校や児童の実態に応じた対応が学校教育の中で求められる。これらは，学校の教育活動全体で取り組むべきものであるが，道徳科においても同様に，情報モラルに関する指導を充実する必要がある。

ア　情報モラルと道徳科の内容

情報モラルは情報社会で適正な活動を行うための基になる考え方と態度と捉えることができる。内容としては，情報社会の倫理，法の理解と遵守，安全への知恵，情報セキュリティ，公共的なネットワークがあるが，道徳科においては，第2に示す内容との関連を踏まえて，特に，情報社会の倫理，法の理解と遵守といった内容を中心に取り扱うことが考えられる。

指導に際して具体的にどのような問題を扱うかについては各学校において検討していく必要があるが，例えば，親切や思いやり，礼儀に関わる指導の際に，インターネット上の書き込みのすれ違いなどについて触れたり，規則の尊重に関わる指導の際に，インターネット上のルールや著作権など法やきまりに触れたりすることが考えられる。また，情報機器を使用する際には，使い方によっては相手を傷つけるなど，人間関係に負の影響を及ぼすこともあることなどについても，指導上の配慮を行う必要がある。

イ　情報モラルへの配慮と道徳科

情報モラルに関する指導について，道徳科では，その特質を生かした指導の中での配慮が求められる。道徳科は道徳的価値に関わる学習を行う特質があることを踏まえた上で，指導に際しては，情報モラルに関わる題材を生かして話合いを深めたり，コンピュータによる疑似体験を授業の一部に取り入れたりするなど，創意ある多様な工夫が生み出されることが期待される。



具体的には，例えば，相手の顔が見えないメールと顔を合わせての会話との違いを理解し，メールなどが相手に与える影響について考えるなど，インターネット等に起因する心のすれ違いなどを題材とした親切や思いやり，礼儀に関わる指導が考えられる。また，インターネット上の法やきまりを守れずに引き起こされた出来事などを題材として規則の尊重に関わる授業を進めることも考えられる。その際，問題の根底にある他者への共感や思いやり，法やきまりのもつ意味などについて，児童が考えを深めることができるようにすることが重要になる。

なお，道徳科は，道徳的価値の理解を基に自己を見つめる時間であるとの特質を踏まえ，例えば，情報機器の使い方やインターネットの操作，危機回避の方法やその際の行動の具体的な練習を行うことにその主眼を置くのではないことに留意する必要がある。

**(2) 現代的な課題の扱い**

道徳科の内容で扱う道徳的諸価値は，現代社会の様々な課題に直接関わっている。

児童には，発達の段階に応じて現代的な課題を身近な問題と結び付けて，自分との関わりで考えられるようにすることが求められる。現代社会を生きる上での課題を扱う場合には，問題解決的な学習を行ったり話合いを深めたりするなどの指導方法を工夫し，課題を自分との関係で捉え，その解決に向けて考え続けようとする意欲や態度を育てることが大切である。例えば，食育，健康教育，消費者教育，防災教育，福祉に関する教育，法教育，社会参画に関する教育，伝統文化教育，国際理解教育，キャリア教育など，学校の特色を生かして取り組んでいる現代的な教育課題については，各教科，外国語活動，総合的な学習の時間及び特別活動における学習と関連付け，それらの教育課題を主題とした教材を活用するなどして，様々な道徳的価値の視点で学習を深めたり，児童自身がこれらの学習を発展させたりして，人として他者と共によりよく生きる上で大切なものとは何か，自分はどのように生きていくべきかなどについて，考えを深めていくことができるような取組が求められる。

また，例えば，持続可能な発展を巡っては，環境，貧困，人権，平和，開発といった様々な問題があり，これらの問題は，生命や人権，自然環境保全，公正・公平，社会正義，国際親善など様々な道徳的価値に関わる葛藤がある。このように現代的な課題には，葛藤や対立のある事象なども多く，特に「規則の尊重」「相互理解，寛容」「公正，公平，社会正義」「国際理解，国際親善」「生命の尊さ」「自然愛護」などについては現代的な課題と関連の深い内容であると考えられ，発達の段階に応じてこれらの課題を取り上げることが求められる。さらに，障害を理由とする差別の解消の推進に関する法律（平成25年法律第65号）の施行を踏まえ，障害の有無などに関わらず，互いのよさを認め合って協働していく態度を育てるための工夫も求められる。

さらに，主権者として社会の中で自立し，他者と連携・協働しながら，社会を生き抜く力や地域の課題解決を社会の構成員の一員として主体的に担う力を養うことも重要な課題となっている。このことについては，「善悪の判断，自律，自由と責任」「規則の尊重」「勤労，公共の精神」などの指導の際に配慮をすることが大切になる。

その際，これらの諸課題には多様な見方や考え方があり，一面的な理解では解決できないことに気付かせ，多様な価値観の人々と協働して問題を解決していこうとする意欲を育むよう留意することが求められる。そのためには，例えば，複数の内容項目を関連付けて扱う指導によって，児童の多様な考え方を引き出せるように工夫することなどが考えられる。

なお，これらの現代的な課題の学習では，多様な見方や考え方があることを理解させ，答えが定まっていない問題を多面的・多角的視点から考え続ける姿勢を育てることが大切である。安易に結論を出させたり，特定の見方や考え方に偏って指導を行ったりすることのないよう留意し，児童が自分と異なる考えや立場についても理解を深められるよう配慮しなければならない。

## 7 家庭や地域社会との連携による指導

> **（「第３章　特別の教科　道徳」の「第３　指導計画の作成と内容の取扱い」の２）**
>
> (7) 道徳科の授業を公開したり，授業の実施や地域教材の開発や活用などに家庭や地域の人々，各分野の専門家等の積極的な参加や協力を得たりするなど，家庭や地域社会との共通理解を深め，相互の連携を図ること。

### (1) 道徳科の授業を公開する

道徳科は全教育活動を通じて行う道徳教育の要であり，その授業を公開することは，学校における道徳教育への理解と協力を家庭や地域から得るためにも，極めて大切である。実施の方法としては，通常の授業参観の形で行う方法，保護者会等の機会に合わせて行う方法，授業を参観した後に講演会や協議会を開催する方法などが考えられる。



また，保護者が児童と同じように授業を受ける形で参加したり，児童と対話したり，児童のグループ別による話合いに加わり意見交換をしたりするような形式の工夫は，共通理解を一層深めることが期待できる。このような道徳科の授業の公開を学校の年間計画に位置付け，保護者だけでなく，地域の人々にも呼び掛けて，多くの参観を得られるような工夫をし，積極的に授業を公開することが望まれる。

### (2) 道徳科の授業への積極的な参加や協力を得る工夫

道徳科は家庭や地域社会との連携を進める重要な機会となる。その実施や教材の開発，活用などに，保護者や地域の人々の参加や協力を得られるよう配慮していくことが考えられる。

家庭や地域社会の題材を資料として生かした学習，家庭や地域での話合いや取材を生かした学習，地域の人や保護者の参加を得た学習など，家庭や地域社会との連携強化を図った指導を工夫することも考えられる。そのため，保護者や地域の人々が参観しやすいような工夫も望まれる。

ア　授業の実施への保護者の協力を得る

保護者は児童の養育に直接関わる立場であり，その協力を得た授業の工夫が考えられる。上記のように，授業に児童と同じ立場で参加してもらうことのほかに，授業前に，アンケートや児童への手紙等の協力を得たり，事後の指導に関して依頼したりするなどの方法も考えられる。特に，「家族愛，家庭生活の充実」などの内容はもとより，様々な内容項目の授業で生かしたい方法である。

イ　授業の実施への地域の人々や団体等外部人材の協力を得る

地域の人々や社会で活躍する人々に授業の実施への協力を得ることも効果的である。例えば特技や専門知識を生かした話題や児童へのメッセージを語る講師として協力を得る方法がある。青少年団体等の関係者，福祉関係者，自然活動関係者，スポーツ関係者，伝統文化の継承者，国際理解活動の関係者，企業関係者，ＮＰＯ法人を運営する人などを授業の講師として招き，実体験に基づいて分かりやすく語ってもらう機会を設けることは効果的である。そのために，日頃から，そのような人々の情報を集めたリストなどを作成しておくことが有効である。その際，児童が講師の話を聞くだけでなく，質問したり考えを伝えたり話し合ったりするなどの，一定の時間を確保しておく配慮が大切である。また，見通しをもって実施するため，計画に位置付けておくことも重要である。

ウ　地域教材の開発や活用への協力を得る

地域の先人，地域に根付く伝統と文化，行事，民話や伝説，歴史，産業，自然や風土などを題材とした地域教材などを開発する場合に，地域でそれらに関することに従事する人や造詣が深い人などに協力を得ることが考えられる。教材の開発だけでなく，授業でそれを活用する場合にも，例えば，資料を提示するときに協力を得る，話合いを深めるために解説や実演をしてもらう，児童の質問に回答してもらうなどの工夫が考えられる。また，地域教材を活用する際に，地域人材の協力を得ることは，授業の効果を一層高める効果が期待できる。

道徳科の指導は，学校における教育課程の実施の一環であり，学校が責任をもって行うことが大前提ではあるが，保護者や地域の人々が児童の豊かな心を育むことに寄与したいという思いを抱くことで，道徳科以外の道徳教育への協力も促されると同時に，家庭や地域社会において児童の豊かな心を積極的に育もうとする意欲を高めることにもつながることが考えられる。

# 第４節　道徳科の教材に求められる内容の観点

## 1　教材の開発と活用の創意工夫

**（「第３章　特別の教科　道徳」の「第３　指導計画の作成と内容の取扱い」の３）**

(1) 児童の発達の段階や特性，地域の実情等を考慮し，多様な教材の活用に努めること。特に，生命の尊厳，自然，伝統と文化，先人の伝記，スポーツ，情報化への対応等の現代的な課題などを題材とし，児童が問題意識をもって多面的・多角的に考えたり，感動を覚えたりするような充実した教材の開発や活用を行うこと。



### (1) 道徳科に生かす多様な教材の開発

教材の開発に当たっては，日常から多様なメディアや書籍，身近な出来事等に強い関心をもつとともに，柔軟な発想をもち，教材を広く求める姿勢が大切である。

具体的には，生命の尊厳，自然，伝統と文化，先人の伝記，スポーツ，情報化への対応等の現代的な課題などを題材として，児童が問題意識をもって多面的・多角的に考えたり，感動を覚えたりするような充実した教材の開発や活用が求められる。

生命の尊厳は，生命ある全てのものをかけがえのないものとして尊重し，大切にすることであり，児童が発達の段階に応じて生命の尊厳について考えられるような教材が求められる。

自然を題材とした教材には，自然の美しさや偉大さ，不思議さなど，感性に訴えるものであることが期待され，伝統と文化を題材とした教材には，その有形無形の美しさに国や郷土への誇り，愛情を感じさせるものであることが期待される。

また，先人の伝記には，多様な生き方が織り込まれ，生きる勇気や知恵などを感じることができるとともに，人間としての弱さを吐露する姿などにも接し，生きることの魅力や意味の深さについて考えを深めることが期待できる。スポーツを題材とした教材は，例えば，オリンピックやパラリンピックなど，世界を舞台に活躍している競技者やそれを支える人々の公正な態度や礼儀，連帯精神，チャレンジ精神や力強い生き方，苦悩などに触れて道徳的価値の理解やそれに基づいた自己を見つめる学習を深めることが期待できる。

情報化への対応等の現代的な課題などを題材とした教材は，我が国が抱える課題として，発達の段階に応じて取り上げることが考えられる。その場合には，単に情報機器の操作や活用など，その注意点を扱うのではなく，活用するのは人間であるからこそ，例えば「節度，節制」や「規則の尊重」など関わりのある道徳的価値について考えを深めることが大切である。

### (2) 多様な教材を活用した創意工夫ある指導

道徳科においても，主たる教材として教科用図書を使用しなければならないことは言うまでもないが，道徳教育の特性に鑑みれば，各地域に根ざした地域教材など，多様な教材を併せて活用することが重要となる。様々な題材について郷土の特色が生かせる教材は，児童にとって特に身近なものに感じられ，教材に親しみながら，ねらいとする道徳的価値について考えを深めることができるため，地域教材の開発や活用にも努めることが望ましい。

これらのほかにも，例えば，古典，随想，民話，詩歌などの読み物，映像ソフト，映像メディアなどの情報通信ネットワークを利用した教材，実話，写真，劇，漫画，紙芝居などの多彩な形式の教材など，多様なものが考えられる。

このような教材が多様に開発されることを通して，その生かし方もより創意あるものになり，児童自身のその積極的な活用が促される。例えば，地域の人を招いて協力しながら学習を進める，実物を提示する，情報機器を生かして学習する，疑似体験活動を取り込んで学習する，授業の展開に中心的に位置付ける教材だけでなく，補助的な教材を組み合わせて，それらの多様な性格を生かし合うなど，様々な創意工夫が生み出される。そのためにも，開発された教材については，その内容や形式等の特徴を押さえて授業で活用したときに，児童がその内容をどのように受け止めるかを予想するなどして，提示の工夫，発問の仕方の工夫等を併せて検討しておくことが大切である。

## 2　道徳科に生かす教材

**(「第3章　特別の教科　道徳」の「第3　指導計画の作成と内容の取扱い」の3)**

(2) 教材については，教育基本法や学校教育法その他の法令に従い，次の観点に照らし適切と判断されるものであること。

ア　児童の発達の段階に即し，ねらいを達成するのにふさわしいものであること。

イ　人間尊重の精神にかなうものであって，悩みや葛藤等の心の揺れ，人間関係の理解等の課題も含め，児童が深く考えることができ，人間としてよりよく生きる喜びや勇気を与えられるものであること。

ウ　多様な見方や考え方のできる事柄を取り扱う場合には，特定の見方や考え方に偏った取扱いがなされていないものであること。



道徳科では，児童が様々な場面において道徳的価値を実現できるようにするための道徳性を養うことができるような指導を行うことが重要である。道徳科の授業は，言うまでもなく学習指導要領に基づいて行われるものであることから，授業で活用する教材は，教育基本法や学校教育法その他の法令はもとより，学習指導要領に準拠したものが求められる。

道徳科に生かす教材は，児童が道徳的諸価値についての理解を基に，自己を見つめ，物事を多面的・多角的に考え，自己の生き方についての考えを深める学習に資するものでなければならない。また，児童が人間としての在り方や生き方などについて多様に感じ，考えを深め，互いに学び合う共通の素材として重要な役割をもっている。

したがって，道徳科に用いられる教材の具備する要件として，次の点を満たすことが大切である。

### (1) 児童の発達の段階に即し，ねらいを達成するのにふさわしいものであること

児童が教材の内容を把握して道徳的価値の理解を図ったり，自己を見つめたりすることができるように，児童の発達の段階に即した内容，表現であることが求められる。また，児童が学習に一層興味・関心を深め，意欲的に学習に取り組みたくなる内容や表現であることがふさわしい。

その上で，道徳科においては一定の道徳的価値を含んだねらいを達成するための授業を展開することから，教材には適切な道徳的価値に関わる事象や人物が取

り上げられていることが必要である。なお，その際，学習指導要領に準じ，年間を通じて計画的，発展的に道徳的諸価値や児童の振り返りを指導できるように，教材が全体として調和的に開発・整備されることが必要である。

### **(2) 人間尊重の精神にかなうものであって，悩みや葛藤等の心の揺れ，人間関係の理解等の課題も含め，児童が深く考えることができ，人間としてよりよく生きる喜びや勇気を与えられるものであること**

ア　人間尊重の精神にかなうもの

人間尊重の精神は，道徳教育を推進する上での留意事項として一貫して述べられていることであり，生命の尊重，人格の尊重，基本的人権，思いやりの心などの根底を貫く国境や文化なども超えた普遍的な精神である。民主的な社会においては，人格の尊重は，自己の人格のみではなく，他の人々の人格をも尊重することであり，また，権利の尊重は，自他の権利の主張を認めるとともに，権利の尊重を自己に課すという意味で，互いに義務と責任を果たすことを求めるものである。しかもこれらは，相互に人間を尊重し信頼し合う思いやりの心などによって支えられていなければならない。

道徳科の教材では，児童の内面に形成されていく自己及び他者の人格に対する認識を普遍的な精神へと高めると同時に，それを具体的な人間関係の中で生かし，それによって人格の内面的な充実を図るという趣旨に基づいて，国際的な視野も含めて広く「人間尊重の精神」という言葉を理解した上で，題材の選択等を行う必要がある。

イ　悩みや葛藤等の心の揺れ，人間関係の理解等の課題も含め，児童が深く考えることができるもの

道徳科の授業における指導の目指すものは，個々の道徳的行為や日常生活の問題処理に終わるものではなく，児童自らが時と場に応じて望ましい道徳的実践が行えるような内面的資質を高めることにある。つまり，道徳科の学習では，道徳的価値についての単なる知的理解に終始したり，行為の仕方を一方的に指導したりする時間ではなく，ねらいとする道徳的価値について児童自身がどのように捉え，どのような葛藤があるのか，また道徳的価値を実現することにどのような意味を見いだすことができるのかなど，道徳的価値を自己との関わりにおいて捉える必要がある。

したがって，道徳科の教材の作成に当たっては，例えば，体験活動や日常生活を振り返り道徳的価値の意義や大切さを考えることができる教材，今日

的な課題について深く考えることができる教材，学級や学校生活における具体的事柄や葛藤などの課題について深く考えることができる教材など，児童が道徳的価値について深く考え，道徳的価値を自覚できるよう題材の選択，構成の工夫等に努めなければならない。

ウ　人間としてよりよく生きる喜びや勇気を与えられるもの

道徳科の学習は，「人生いかに生きるべきか」という生き方の問いを考えると言い換えることができ，道徳科の指導においては，児童のよりよく生きようとする願いに応えるために，児童と教師が共に考え，共に探求していくことが前提となる。

したがって，道徳科の教材の作成に当たっては，例えば，先人の多様な生き方が織り込まれ，生きる勇気や知恵などを感じる教材，人間としての弱さを吐露する姿等にも接し，生きることの魅力や意味の深さについて考えを深めることができる教材，児童の感性に訴え，感動を呼ぶ教材など，人間としての生き方に迫ることができるよう題材の選択，構成の工夫等に努めなければならない。



**(3) 多様な見方や考え方のできる事柄を取り扱う場合には，特定の見方や考え方に偏った取扱いがなされていないものであること**

道徳科では，様々な課題に対応していくために，人としての生き方や社会の在り方について，多様な価値観の存在を前提にして，他者と対話し協働しながら，物事を多面的・多角的に考えることを求めている。したがって，時に対立がある場合も含めて多様な見方や考え方のある事象や，多様な生き方が織り込まれ，生きる勇気や知恵などを感じられる人物などを取り扱うことは非常に有効であると考えられる。一方で，公教育として道徳科の指導を行う上でもっとも大切なことは，活用する教材が特定の価値観に偏しないことであり，多様な見方や考え方のある事柄を取り扱う場合には，特定の見方や考え方に偏った取扱いがなされていないか検討する必要がある。

なお，教科用図書以外の教材を使用するに当たっては，「学校における補助教材の適正な取扱いについて」（平成27年３月４日　初等中等教育局長通知）など，関係する法規等の趣旨を十分に理解した上で，適切に使用することが重要である。

# 第5章　道徳科の評価

## 第1節　道徳科における評価の意義

**（「第3章　特別の教科　道徳」の「第3　指導計画の作成と内容の取扱い」の4）**

児童の学習状況や道徳性に係る成長の様子を継続的に把握し，指導に生かすよう努める必要がある。ただし，数値などによる評価は行わないものとする。

### 1　道徳教育における評価の意義

学習における評価とは，児童にとっては，自らの成長を実感し意欲の向上につなげていくものであり，教師にとっては，指導の目標や計画，指導方法の改善・充実に取り組むための資料となるものである。

教育において指導の効果を上げるためには，指導計画の下に，目標に基づいて教育実践を行い，指導のねらいや内容に照らして児童の学習状況を把握するとともに，その結果を踏まえて，学校としての取組や教師自らの指導について改善を行うサイクルが重要である。

道徳教育における評価も，常に指導に生かされ，結果的に児童の成長につながるものでなくてはならない。学習指導要領第1章総則の第3の2の(1)では，「児童のよい点や進歩の状況などを積極的に評価し，学習したことの意義や価値を実感できるようにすること」と示しており，他者との比較ではなく児童一人一人のもつよい点や可能性などの多様な側面，進歩の様子などを把握し，年間や学期にわたって児童がどれだけ成長したかという視点を大切にすることが重要であるとしている。道徳教育においてもこうした考え方は踏襲されるべきである。

このことから，学校の教育活動全体を通じて行う道徳教育における評価については，教師が児童一人一人の人間的な成長を見守り，児童自身の自己のよりよい生き方を求めていく努力を評価し，それを勇気付ける働きをもつようにすることが求められる。そして，それは教師と児童の温かな人格的な触れ合いに基づいて，共感的に理解されるべきものである。

## 2　道徳科における評価の意義

学習指導要領第３章の第３の４において，「児童の学習状況や道徳性に係る成長の様子を継続的に把握し，指導に生かすよう努める必要がある。ただし，数値などによる評価は行わないものとする」と示している。これは，道徳科の評価を行わないとしているのではない。道徳科において養うべき道徳性は，児童の人格全体に関わるものであり，数値などによって不用意に評価してはならないことを特に明記したものである。したがって，教師は道徳科においてもこうした点を踏まえ，それぞれの授業における指導のねらいとの関わりにおいて，児童の学習状況や道徳性に係る成長の様子を様々な方法で捉えて，個々の児童の成長を促すとともに，それによって自らの指導を評価し，改善に努めることが大切である。

# 第２節　道徳科における児童の学習状況及び成長の様子についての評価

## 1　評価の基本的態度

道徳科は，道徳教育の目標に基づき，各教科，外国語活動，総合的な学習の時間及び特別活動における道徳教育と密接な関連を図りながら，計画的，発展的な指導によって道徳性を養うことがねらいである。

道徳性とは，人間としてよりよく生きようとする人格的特性であり道徳的判断力，道徳的心情，道徳的実践意欲及び態度を諸様相とする内面的資質である。このような道徳性が養われたか否かは，容易に判断できるものではない。

しかし，道徳性を養うことを学習活動として行う道徳科の指導では，その学習状況や成長の様子を適切に把握し評価することが求められる。児童の学習状況は指導によって変わる。道徳科における児童の学習状況の把握と評価については，教師が道徳科における指導と評価の考え方について明確にした指導計画の作成が求められる。道徳性を養う道徳教育の要である道徳科の授業を改善していくことの重要性はここにある。

道徳科で養う道徳性は，児童が将来いかに人間としてよりよく生きるか，いかに諸問題に適切に対応するかといった個人の問題に関わるものである。このことから，小学校の段階でどれだけ道徳的価値を理解したかなどの基準を設定することはふさわしくない。

道徳性の評価の基盤には，教師と児童との人格的な触れ合いによる共感的な理解が存在することが重要である。その上で，児童の成長を見守り，努力を認めたり，励ましたりすることによって，児童が自らの成長を実感し，更に意欲的に取り組もうとするきっかけとなるような評価を目指すことが求められる。なお，道徳性は，極めて多様な児童の人格全体に関わるものであることから，評価に当たっては，個人内の成長の過程を重視すべきである。

## 2　道徳科における評価

### （1）道徳科に関する評価の基本的な考え方

道徳科の目標は，道徳的諸価値についての理解を基に，自己を見つめ，物事を多面的・多角的に考え，自己の生き方についての考えを深める学習を通して，道徳的な判断力，心情，実践意欲及び態度を育てることであるが，道徳性の諸様相である道徳的な判断力，心情，実践意欲と態度のそれぞれについて分節し，学習状況を分析的に捉える観点別評価を通じて見取ろうとすることは，児童の人格そのものに働きかけ，道徳性を養うことを目標とする道徳科の評価としては妥当ではない。

授業において児童に考えさせることを明確にして，「道徳的諸価値についての理解を基に，自己を見つめ，物事を多面的・多角的に考え，自己の生き方についての考えを深める」という目標に掲げる学習活動における児童の具体的な取組状況を，一定のまとまりの中で，児童が学習の見通しを立てたり学習したことを振り返ったりする活動を適切に設定しつつ，学習活動全体を通して見取ることが求められる。

その際，個々の内容項目ごとではなく，大くくりなまとまりを踏まえた評価とすることや，他の児童との比較による評価ではなく，児童がいかに成長したかを積極的に受け止めて認め，励ます個人内評価として記述式で行うことが求められる。

道徳科の内容項目は，道徳科の指導の内容を構成するものであるが，内容項目について単に知識として観念的に理解させるだけの指導や，特定の考え方に無批判に従わせるような指導であってはならない。内容項目は，道徳性を養う手掛かりとなるものであり，内容項目に含まれる道徳的諸価値についての理解を基に，自己を見つめ，物事を多面的・多角的に考え，自己の生き方についての考えを深める学習を通して，「道徳性を養う」ことが道徳科の目標である。このため，道徳科の学習状況の評価に当たっては，道徳科の学習活動に着目し，年間や学期といった一定の時間的なまとまりの中で，児童の学習状況や道徳性に係る成長の様子を把握する必要がある。

こうしたことを踏まえ，評価に当たっては，特に，学習活動において児童が道徳的価値やそれらに関わる諸事象について他者の考え方や議論に触れ，自律的に思考する中で，一面的な見方から多面的・多角的な見方へと発展しているか，道徳的価値の理解を自分自身との関わりの中で深めているかといった点を重視することが重要である。このことは道徳科の目標に明記された学習活動に着目して評価を行うということである。道徳科では，児童が「自己を見つめ」「多面的・多角的に」考える学習活動において，「道徳的諸価値についての理解」と「自己の生き方についての考え」を，相互に関連付けることによって，深い理解，深い考えとなっていく。こうした学習における一人一人の児童の姿を把握していくことが児童の学習活動に着目した評価を行うことになる。

なお，道徳科においては，児童自身が，真正面から自分のこととして道徳的価値に多面的・多角的に向き合うことが重要である。また，道徳科における学習状況や道徳性に係る成長の様子の把握は，児童の人格そのものに働きかけ，道徳性を養うという道徳科の目標に照らし，児童がいかに成長したかを積極的に受け止めて認め，励ます視点から行うものであり，個人内評価であるとの趣旨がより強く要請されるものである。これらを踏まえると，道徳科の評価は，選抜に当たり客観性・公平性が求められる入学者選抜とはなじまないものであり，このため，道徳科の評価は調査書には記載せず，入学者選抜の合否判定に活用することのないようにする必要がある。

### (2) 個人内評価として見取り，記述により表現することの基本的な考え方

道徳科において，児童の学習状況や道徳性に係る成長の様子をどのように見取り，記述するかということについては，学校の実態や児童の実態に応じて，教師の明確な意図の下，学習指導過程や指導方法の工夫と併せて適切に考える必要がある。

児童が一面的な見方から多面的・多角的な見方へと発展させているかどうかという点については，例えば，道徳的価値に関わる問題に対する判断の根拠やそのときの心情を様々な視点から捉え考えようとしていることや，自分と違う立場や感じ方，考え方を理解しようとしていること，複数の道徳的価値の対立が生じる場面において取り得る行動を多面的・多角的に考えようとしていることを発言や感想文，質問紙の記述等から見取るという方法が考えられる。

道徳的価値の理解を自分自身との関わりの中で深めているかどうかという点についても，例えば，読み物教材の登場人物を自分に置き換えて考え，自分なりに具体的にイメージして理解しようとしていることに着目したり，現在の自分自身を振り返り，自らの行動や考えを見直していることがうかがえる部分に着目したりするという視点も考えられる。また，道徳的な問題に対して自己の取り得る行動を他者と議論する中で，道徳的価値の理解を更に深めているかや，道徳的価値を実現することの難しさを自分のこととして捉え，考えようとしているかという視点も考えられる。

また，発言が多くない児童や考えたことを文章に記述することが苦手な児童が，教師や他の児童の発言に聞き入ったり，考えを深めようとしたりしている姿に着目するなど，発言や記述ではない形で表出する児童の姿に着目するということも重要である。

さらに，年間や学期を通じて，当初は感想文や質問紙に，感想をそのまま書いただけであった児童が，学習を重ねていく中で，読み物教材の登場人物に共感したり，自分なりに考えを深めた内容を書くようになったりすることや，既習の内容と関連付けて考えている場面に着目するなど，１単位時間の授業だけでなく，児童が一定の期間を経て，多面的・多角的な見方へと発展していた

り，道徳的価値の理解が深まったりしていることを見取るという視点もある。

ここに挙げた視点はいずれについても例示であり，指導する教師一人一人が，質の高い多様な指導方法へと指導の改善を行い学習意欲の向上に生かすようにするという道徳科の評価の趣旨を理解した上で，学校の状況や児童一人一人の状況を踏まえた評価を工夫することが求められる。

### （3）評価のための具体的な工夫

道徳科における学習状況や道徳性に係る成長の様子を把握するに当たっては，児童が学習活動を通じて多面的・多角的な見方へ発展させていることや，道徳的価値の理解を自分との関わりで深めていることを見取るための様々な工夫が必要である。

例えば，児童の学習の過程や成果などの記録を計画的にファイルに蓄積したものや児童が道徳性を養っていく過程での児童自身のエピソードを累積したものを評価に活用すること，作文やレポート，スピーチやプレゼンテーションなど具体的な学習の過程を通じて児童の学習状況や道徳性に係る成長の様子を把握することが考えられる。

なお，こうした評価に当たっては，記録物や実演自体を評価するのではなく，学習過程を通じていかに道徳的価値の理解を深めようとしていたか，自分との関わりで考えたかなどの成長の様子を見取るためのものであることに留意が必要である。



また，児童が行う自己評価や相互評価について，これら自体は児童の学習活動であり，教師が行う評価活動ではないが，児童が自身のよい点や可能性に気付くことを通じ，主体的に学ぶ意欲を高めることなど，学習の在り方を改善していくことに役立つものであり，これらを効果的に活用し学習活動を深めていくことも重要である。発達の段階に応じて，年度当初に自らの課題や目標を捉えるための学習を行ったり，年度途中や年度末に自分自身を振り返る学習を工夫したりすることも考えられる。

さらに，指導のねらいに即して，校長や教頭などの参加，他の教師と協力的に授業を行うといった取組も効果的である。管理職をはじめ，複数の教師が一つの学級の授業を参観することが可能となり，学級担任は，普段の授業とは違う角度から児童の新たな一面を発見することができるなど，児童の学習状況や道徳性に係る成長の様子をより多面的・多角的に把握することができるといった評価の改善の観点からも有効であると考えられる。

### (4) 組織的，計画的な評価の推進

道徳科の評価を推進するに当たっては，学習評価の妥当性，信頼性等を担保することが重要である。そのためには，評価は個々の教師が個人として行うのではなく，学校として組織的・計画的に行われることが重要である。

例えば，学年ごとに評価のために集める資料や評価方法等を明確にしておくことや，評価結果について教師間で検討し評価の視点などについて共通理解を図ること，評価に関する実践事例を蓄積し共有することなどが重要であり，これらについて，校長及び道徳教育推進教師のリーダーシップの下に学校として組織的・計画的に取り組むことが必要である。校務分掌の道徳部会や学年会あるいは校内研修会等で，道徳科の指導記録を分析し検討するなどして指導の改善に生かすとともに，日常的に授業を交流し合い，全教師の共通理解のもとに評価を行うことが大切である。

また，校長や教頭などの授業参加や他の教師との協力的な指導，保護者や地域の人々，各分野の専門家等の授業参加などに際して，学級担任以外からの児童の学習状況や道徳性に係る成長の様子について意見や所感を得るなどして，学級担任が児童を多面的・多角的に評価したり，教師自身の評価に関わる力量を高めたりすることも大切である。

なお，先に述べた，校長や教頭などの参加，他の教師と協力的に授業を行うといった取組は，児童の変容を複数の目で見取り，評価に対して共通認識をもつ機会となるものであり，評価を組織的に進めるための一つの方法として効果的であると考えられる。

このような，組織的・計画的な取組の蓄積と定着が，道徳科の評価の妥当性，信頼性等の担保につながる。また，こうしたことが，教師が道徳科の評価に対して自信をもって取り組み，負担感を軽減することにもつながるものと考えられる。

### (5) 発達障害等のある児童や海外から帰国した児童，日本語習得に困難のある児童等に対する配慮

発達障害等のある児童に対する指導や評価を行う上では，それぞれの学習の過程で考えられる「困難さの状態」をしっかりと把握した上で必要な配慮が求められる。

例えば，他者との社会的関係の形成に困難がある児童の場合であれば，相手の気持ちを想像することが苦手で字義通りの解釈をしてしまうことがあることや，暗黙のルールや一般的な常識が理解できないことがあることなど困難さの状況を十分に理解した上で，例えば，他者の心情を理解するために役割を交代

して動作化，劇化したり，ルールを明文化したりするなど，学習過程において想定される困難さとそれに対する指導上の工夫が必要である。

そして，評価を行うに当たっても，困難さの状況ごとの配慮を踏まえることが必要である。前述のような配慮を伴った指導を行った結果として，相手の意見を取り入れつつ自分の考えを深めているかなど，児童が多面的・多角的な見方へ発展させていたり道徳的価値を自分のこととして捉えていたりしているかといったことを丁寧に見取る必要がある。

発達障害等のある児童の学習状況や道徳性に係る成長の様子を把握するため，道徳的価値の理解を深めていることをどのように見取るのかという評価資料を集めたり，集めた資料を検討したりするに当たっては，相手の気持ちを想像することが苦手であることや，望ましいと分かっていてもそのとおりにできないことがあるなど，一人一人の障害により学習上の困難さの状況をしっかりと踏まえた上で行い，評価することが重要である。

道徳科の評価は他の児童との比較による評価や目標への到達度を測る評価ではなく，一人一人の児童がいかに成長したかを積極的に受け止めて認め，励ます個人内評価として行うことから，このような道徳科の評価本来の在り方を追究していくことが，一人一人の学習上の困難さに応じた評価につながるものと考えられる。

なお，こうした考え方は，海外から帰国した児童や外国人の児童，両親が国際結婚であるなどのいわゆる外国につながる児童について，一人一人の児童の状況に応じた指導と評価を行う上でも重要である。これらの児童の多くは，外国での生活や異文化に触れてきた経験などを通して，我が国の社会とは異なる言語や生活習慣，行動様式を身に付けていると考えられる。また，日本語の理解が不十分なために，他の児童と意見を伝え合うことなどが難しかったりすることも考えられる。それぞれの児童の置かれている状況に配慮した指導を行いつつ，その結果として，児童が多面的・多角的な見方へと発展させていたり道徳的価値を自分のこととして捉えていたりしているかといったことを，丁寧に見取ることが求められる。その際，日本語を使って十分に表現することが困難な児童については，発言や記述以外の形で見られる様々な姿に着目するなど，より配慮した対応が求められる。

# 第３節　道徳科の授業に対する評価

## 1　授業に対する評価の必要性

学習指導要領第１章総則には，教育課程実施上の配慮事項として，「児童のよい点や進歩の状況などを積極的に評価し，学習したことの意義や価値を実感できるようにすること。また，各教科等の目標の実現に向けた学習状況を把握する観点から，単元や題材など内容や時間のまとまりを見通しながら評価の場面や方法を工夫して，学習の過程や成果を評価し，指導の改善や学習意欲の向上を図り，資質・能力の育成に生かすようにすること」として学習評価を指導の改善につなげることについての記述がある。

道徳科においても，教師が自らの指導を振り返り，指導の改善に生かしていくことが大切であり，授業の評価を改善につなげる過程を一層重視する必要がある。

## 2　授業に対する評価の基本的な考え方

児童の学習状況の把握を基に授業に対する評価と改善を行う上で，学習指導過程や指導方法を振り返ることは重要である。教師自らの指導を評価し，その評価を授業の中で更なる指導に生かすことが，道徳性を養う指導の改善につながる。

明確な意図をもって指導の計画を立て，授業の中で予想される具体的な児童の学習状況を想定し，授業の振り返りの観点を立てることが重要である。こうした観点をもつことで，指導と評価の一体化が実現することになる。

道徳科の学習指導過程や指導方法に関する評価の観点はそれぞれの授業によって，より具体的なものとなるが，その観点としては，次のようなものが考えられる。

ア　学習指導過程は，道徳科の特質を生かし，道徳的諸価値についての理解を基に，自己を見つめ，自己の生き方についての考えを深められるよう適切に構成されていたか。また，指導の手立てはねらいに即した適切なものとなっていたか。

イ　発問は，児童が多面的・多角的に考えることができる問い，道徳的価値を自分のこととして捉えることができる問いなど，指導の意図に基づいて的確になされていたか。

ウ　児童の発言を傾聴して受け止め，発問に対する児童の発言などの反応を，適切に指導に生かしていたか。

エ　自分自身との関わりで，物事を多面的・多角的に考えさせるための，教材や教具の活用は適切であったか。

オ　ねらいとする道徳的価値についての理解を深めるための指導方法は，児童の実態や発達の段階にふさわしいものであったか。

カ　特に配慮を要する児童に適切に対応していたか。

## 3　授業に対する評価の工夫

ア　授業者自らによる評価

授業者自らが記憶や授業中のメモ，板書の写真，録音，録画などによって学習指導過程や指導方法を振り返ることも大切である。録音や録画で授業を振り返ることは，今まで気付かなかった傾向や状況に応じた適切な対応の仕方などに気付くことにもなる。児童一人一人の学習状況を確かめる手立てを用意しておき，それに基づく評価を行うことも考えられる。

イ　他の教師による評価

道徳科の授業を公開して参観した教師から指摘を受けたり，ティーム・ティーチングの協力者などから評価を得たりする機会を得ることも重要である。その際，あらかじめ重点とする評価項目を設けておくと，具体的なフィードバックが得られやすい。



## 4　評価を指導の改善に生かす工夫と留意点

道徳科の指導は，道徳性の性格上，１単位時間の指導だけでその成長を見取ることが困難である。そのため，指導による児童の学習状況を把握して評価することを通して，改めて学習指導過程や指導方法について検討し，今後の指導に生かすことができるようにしなければならない。

児童の道徳性を養い得る質の高い授業を創造するためには，授業改善に資する学習指導過程や指導方法の改善に役立つ多面的・多角的な評価を心掛ける必要がある。また，道徳科の授業で児童が伸びやかに自分の感じ方や考え方を述べたり，他の児童の感じ方や考え方を聞いたり，様々な表現ができたりするのは，日々の学級経営と密接に関わっている。

道徳科における児童の道徳性に係る成長の様子に関する評価においては，慎重かつ計画的に取り組む必要がある。道徳科は，児童の人格そのものに働きかけるものであるため，その評価は安易なものであってはならない。児童のよい点や成長の様子などを積極的に捉え，それらを日常の指導や個別指導に生かしていくよう努めなくてはならない。

# 付録

## 目次

# 学校教育法施行規則（抄）

昭和二十二年五月二十三日文部省令第十一号
一部改正：平成二十九年三月三十一日文部科学省令第二十号
平成三十年八月二十七日文部科学省令第二十七号

## 第四章　小学校

### 第二節　教育課程

第五十条　小学校の教育課程は，国語，社会，算数，理科，生活，音楽，図画工作，家庭，体育及び外国語の各教科（以下本節中「各教科」という。），道徳，外国語活動，総合的な学習の時間並びに特別活動によつて編成するものとする。

２　私立の小学校の教育課程を編成する場合は，前項の規定にかかわらず，宗教を加えることができる。この場合においては，宗教をもつて前項の道徳に代えることができる。

第五十一条　小学校（第五十二条の二第二項に規定する中学校連携型小学校及び第七十九条の九第二項に規定する中学校併設型小学校を除く。）の各学年における各教科，道徳，外国語活動，総合的な学習の時間及び特別活動のそれぞれの授業時数並びに各学年におけるこれらの総授業時数は，別表第一に定める授業時数を標準とする。

第五十二条　小学校の教育課程については，この節に定めるもののほか，教育課程の基準として文部科学大臣が別に公示する小学校学習指導要領によるものとする。

第五十三条　小学校においては，必要がある場合には，一部の各教科について，これらを合わせて授業を行うことができる。

第五十四条　児童が心身の状況によつて履修することが困難な各教科は，その児童の心身の状況に適合するように課さなければならない。

第五十五条　小学校の教育課程に関し，その改善に資する研究を行うため特に必要があり，かつ，児童の教育上適切な配慮がなされていると文部科学大臣が認める場合においては，文部科学大臣が別に定めるところにより，第五十条第一項，第五十一条（中学校連携型小学校にあつては第五十二条の三，第七十九条の九第二項に規定する中学校併設型小学校にあつては第七十九条の十二において準用する第七十九条の五第一項）又は第五十二条の規定によらないことができる。

第五十五条の二　文部科学大臣が，小学校において，当該小学校又は当該小学校が設置されている地域の実態に照らし，より効果的な教育を実施するため，当該小学校又は当該地域の特色を生かした特別の教育課程を編成して教育を実施する必要があり，かつ，当該特別の教育課程について，教育基本法（平成十八年法律第百二十号）及び学校教育法第三十条第一項の規定等に照らして適切であり，児童の教育上適切な配慮がなされているものとして文部科学大臣が定める基準を満たしていると認める場合においては，文部科学大臣が別に定めるところにより，第五十条第一項，第五十一条（中学校連携型小学校にあつては第五十二条の三，第七十九条の九第二項に規定する中学校併設型小学校にあつては第七十九条の十二において準用する第七十九条の五第一項）又は第五十二条の規定の全部又は一部によらないことができる。

第五十六条　小学校において，学校生活への適応が困難であるため相当の期間小学校を欠席し引き続き欠席すると認められる児童を対象として，その実態に配慮した特別の教育課程を編成して教育を実施する必要があると文部科学大臣が認める場合においては，文部科学大臣が別に定めるところにより，第五十条第一項，第五十一条（中学校連携型小学校にあつては第五十二条の三，第七十九条の九第二項に規定する中学校併設型小学校にあつては第七十九条の十二において準用する第七十九条の五第一項）又は第五十二条の規定によらないことができる。

第五十六条の二　小学校において，日本語に通じない児童のうち，当該児童の日本語を理解し，使用する能力に応じた特別の指導を行う必要があるものを教育する場合には，文部科学大臣が別に定めるところにより，第五十条第一項，第五十一条（中学校連携型小学校にあつては第五十二条の三，第七十九条の九第二項に規定する中学校併設型小学校にあつては第七十九条の十二において準用する第七十九条の五第一項）及び第五十二条の規定にかかわらず，特別の教育課程によることができる。

第五十六条の三　前条の規定により特別の教育課程による場合においては，校長は，児童が設置者の定めるところにより他の小学校，義務教育学校の前期課程又は特別支援学校の小学部において受けた授業を，当該児童の在学する小学校において受けた当該特別の教育課程に係る授業とみなすことができる。

第五十六条の四　小学校において，学齢を経過した者のうち，その者の年齢，経験又は勤労の状況その他の実情に応じた特別の指導を行う必要があるものを夜間その他特別の時間において教育する場合には，文部科学大臣が別に定めるところにより，第五十条第一項，第五十一条（中学校連携型小学校にあつては第五十二条の三，第七十九条の九第二項に規定する中学校併設型小学校にあつては第七十九条の十二において準用する第七十九条の五第一項）及び第五十二条の規定にかかわらず，特別の教育課程によることができる。



## 第三節　学年及び授業日

第六十一条　公立小学校における休業日は，次のとおりとする。ただし，第三号に掲げる日を除き，当該学校を設置する地方公共団体の教育委員会（公立大学法人の設置する小学校にあつては，当該公立大学法人の理事長。第三号において同じ。）が必要と認める場合は，この限りでない。

一　国民の祝日に関する法律（昭和二十三年法律第百七十八号）に規定する日

二　日曜日及び土曜日

三　学校教育法施行令第二十九条第一項の規定により教育委員会が定める日

第六十二条　私立小学校における学期及び休業日は，当該学校の学則で定める。

## 第八章　特別支援教育

第百三十四条の二　校長は，特別支援学校に在学する児童等について個別の教育支援計画（学校と医療，保健，福祉，労働等に関する業務を行う関係機関及び民間団体（次項において「関係機関等」という。）との連携の下に行う当該児童等に対する長期的な支援に関する計画をいう。）を作成しなければならない。

2 校長は，前項の規定により個別の教育支援計画を作成するに当たつては，当該児童等又はその保護者の意向を踏まえつつ，あらかじめ，関係機関等と当該児童等の支援に関する必要な情報の共有を図らなければならない。

第百三十八条　小学校，中学校若しくは義務教育学校又は中等教育学校の前期課程における特別支援学級に係る教育課程については，特に必要がある場合は，第五十条第一項（第七十九条の六第一項において準用する場合を含む。），第五十一条，第五十二条（第七十九条の六第一項において準用する場合を含む。），第五十二条の三，第七十二条（第七十九条の六第二項及び第百八条第一項において準用する場合を含む。），第七十三条，第七十四条（第七十九条の六第二項及び第百八条第一項において準用する場合を含む。），第七十四条の三，第七十六条，第七十九条の五（第七十九条の十二において準用する場合を含む。）及び第百七条（第百十七条において準用する場合を含む。）の規定にかかわらず，特別の教育課程によることができる。

第百三十九条の二　第百三十四条の二の規定は，小学校，中学校若しくは義務教育学校又は中等教育学校の前期課程における特別支援学級の児童又は生徒について準用する。

第百四十条　小学校，中学校，義務教育学校，高等学校又は中等教育学校において，次の各号のいずれかに該当する児童又は生徒（特別支援学級の児童及び生徒を除く。）のうち当該障害に応じた特別の指導を行う必要があるものを教育する場合には，文部科学大臣が別に定めるところにより，第五十条第一項（第七十九条の六第一項において準用する場合を含む。），第五十一条，第五十二条（第七十九条の六第一項において準用する場合を含む。），第五十二条の三，第七十二条（第七十九条の六第二項及び第百八条第一項において準用する場合を含む。），第七十三条，第七十四条（第七十九条の六第二項及び第百八条第一項において準用する場合を含む。），第七十四条の三，第七十六条，第七十九条の五（第七十九条の十二において準用する場合を含む。），第八十三条及び第八十四条（第百八条第二項において準用する場合を含む。）並びに第百七条（第百十七条において準用する場合を含む。）の規定にかかわらず，特別の教育課程によることができる。

一　言語障害者

二　自閉症者

三　情緒障害者

四　弱視者

五　難聴者

六　学習障害者

七　注意欠陥多動性障害者

八　その他障害のある者で，この条の規定により特別の教育課程による教育を行うことが適当なもの

第百四十一条　前条の規定により特別の教育課程による場合においては，校長は，児童又は生徒が，当該小学校，中学校，義務教育学校，高等学校又は中等教育学校の設置者の定めるところにより他の小学校，中学校，義務教育学校，高等学校，中等教育学校又は特別支援学校の小学部，中学部若しくは高等部において受けた授業を，当該小学校，中学校，義務教育学校，高等学校又は中等教育学校において受けた当該特別の教育課程に係る授業とみなすことができる。

第百四十一条の二　第百三十四条の二の規定は，第百四十条の規定により特別の指導が行われている児童又は生徒について準用する。

## 附則（平成二十九年三月三十一日文部科学省令第二十号）

この省令は，平成三十二年四月一日から施行する。

別表第一（第五十一条関係）

| 区分 | | 第１学年 | 第２学年 | 第３学年 | 第４学年 | 第５学年 | 第６学年 |
|---|---|---|---|---|---|---|---|
| 各教科の授業時数 | 国語 | 306 | 315 | 245 | 245 | 175 | 175 |
| | 社会 | | | 70 | 90 | 100 | 105 |
| | 算数 | 136 | 175 | 175 | 175 | 175 | 175 |
| | 理科 | | | 90 | 105 | 105 | 105 |
| | 生活 | 102 | 105 | | | | |
| | 音楽 | 68 | 70 | 60 | 60 | 50 | 50 |
| | 図画工作 | 68 | 70 | 60 | 60 | 50 | 50 |
| | 家庭 | | | | | 60 | 55 |
| | 体育 | 102 | 105 | 105 | 105 | 90 | 90 |
| | 外国語 | | | | | 70 | 70 |
| 特別の教科である道徳の授業時数 | | 34 | 35 | 35 | 35 | 35 | 35 |
| 外国語活動の授業時数 | | | | 35 | 35 | | |
| 総合的な学習の時間の授業時数 | | | | 70 | 70 | 70 | 70 |
| 特別活動の授業時数 | | 34 | 35 | 35 | 35 | 35 | 35 |
| 総授業時数 | | 850 | 910 | 980 | 1015 | 1015 | 1015 |

備考

一　この表の授業時数の一単位時間は，四十五分とする。

二　特別活動の授業時数は，小学校学習指導要領で定める学級活動（学校給食に係るものを除く。）に充てるものとする。

三　第五十条第二項の場合において，道徳のほかに宗教を加えるときは，宗教の授業時数をもつてこの表の道徳の授業時数の一部に代えることができる。（別表第二及び別表第四の場合においても同様とする。）

付録１

# 小学校学習指導要領　第１章　総則

## 第１　小学校教育の基本と教育課程の役割

1　各学校においては，教育基本法及び学校教育法その他の法令並びにこの章以下に示すところに従い，児童の人間として調和のとれた育成を目指し，児童の心身の発達の段階や特性及び学校や地域の実態を十分考慮して，適切な教育課程を編成するものとし，これらに掲げる目標を達成するよう教育を行うものとする。

2　学校の教育活動を進めるに当たっては，各学校において，第３の１に示す主体的・対話的で深い学びの実現に向けた授業改善を通して，創意工夫を生かした特色ある教育活動を展開する中で，次の (1) から (3) までに掲げる事項の実現を図り，児童に生きる力を育むことを目指すものとする。

(1)　基礎的・基本的な知識及び技能を確実に習得させ，これらを活用して課題を解決するために必要な思考力，判断力，表現力等を育むとともに，主体的に学習に取り組む態度を養い，個性を生かし多様な人々との協働を促す教育の充実に努めること。その際，児童の発達の段階を考慮して，児童の言語活動など，学習の基盤をつくる活動を充実するとともに，家庭との連携を図りながら，児童の学習習慣が確立するよう配慮すること。

(2)　道徳教育や体験活動，多様な表現や鑑賞の活動等を通して，豊かな心や創造性の涵(かん)養を目指した教育の充実に努めること。

学校における道徳教育は，特別の教科である道徳（以下「道徳科」という。）を要として学校の教育活動全体を通じて行うものであり，道徳科はもとより，各教科，外国語活動，総合的な学習の時間及び特別活動のそれぞれの特質に応じて，児童の発達の段階を考慮して，適切な指導を行うこと。

道徳教育は，教育基本法及び学校教育法に定められた教育の根本精神に基づき，自己の生き方を考え，主体的な判断の下に行動し，自立した人間として他者と共によりよく生きるための基盤となる道徳性を養うことを目標とすること。

道徳教育を進めるに当たっては，人間尊重の精神と生命に対する畏敬の念を家庭，学校，その他社会における具体的な生活の中に生かし，豊かな心をもち，伝統と文化を尊重し，それらを育んできた我が国と郷土を愛し，個性豊かな文化の創造を図るとともに，平和で民主的な国家及び社会の形成者として，公共の精神を尊び，社会及び国家の発展に努め，他国を尊重し，国際社会の平和と発展や環境の保全に貢献し未来を拓(ひら)く主体性のある日本人の育成に資することとなるよう特に留意すること。

(3)　学校における体育・健康に関する指導を，児童の発達の段階を考慮して，学校の教育活動全体を通じて適切に行うことにより，健康で安全な生活と豊かなスポーツライフの実現を目指した教育の充実に努めること。特に，学校における食育の推進並びに体力の向上に関する指導，安全に関する指導及び心身の健康の保持増進に関する指導については，体育科，家庭科及び特別活動の時間はもとより，各教科，道徳科，外国語活動及び総合的な学習の時間などにおいてもそれぞれの特質に応じて適切に行うよう努めること。また，それらの指導を通して，家庭や地域社会との連携を図りながら，日常生活において適切な体育・健康に関する活動の実践を促し，生涯を通じて健康・安全で活力ある生活を送るための基礎が培われるよう配慮すること。

付録２

3　２の (1) から (3) までに掲げる事項の実現を図り，豊かな創造性を備え持続可能な社会の創り手となることが期待される児童に，生きる力を育むことを目指すに当たっては，学校教育全体並びに各教科，道徳科，外国語活動，総合的な学習の時間及び特別活動（以下「各教科等」という。ただし，第２の３の (2) のア及びウにおいて，特別活動については学級活動（学校給食に係るものを除く。）に限る。）の指導を通してどのような資質・能力の育成を目指すのかを明確にしながら，教育活動の充実を図るものとする。その際，児童の発達の段階や特性等を踏まえつつ，次に掲げることが偏りなく実現できるようにするものとする。

(1)　知識及び技能が習得されるようにすること。

(2)　思考力，判断力，表現力等を育成すること。

(3)　学びに向かう力，人間性等を涵(かん)養すること。

4　各学校においては，児童や学校，地域の実態を適切に把握し，教育の目的や目標の実現に必要な教育の内容等を教科等横断的な視点で組み立てていくこと，教育課程の実施状況を評価してその改善を図っていくこと，教育課程の実施に必要な人的又は物的な体制を確保するとともにその改善を図っていくことなどを通して，教育課程に基づき組織的かつ計画的に各学校の教育活動の質の向上を図っていくこと

（以下「カリキュラム・マネジメント」という。）に努めるものとする。

## 第２　教育課程の編成

１　各学校の教育目標と教育課程の編成

教育課程の編成に当たっては，学校教育全体や各教科等における指導を通して育成を目指す資質・能力を踏まえつつ，各学校の教育目標を明確にするとともに，教育課程の編成についての基本的な方針が家庭や地域とも共有されるよう努めるものとする。その際，第５章総合的な学習の時間の第２の１に基づき定められる目標との関連を図るものとする。

２　教科等横断的な視点に立った資質・能力の育成

(1)　各学校においては，児童の発達の段階を考慮し，言語能力，情報活用能力（情報モラルを含む。），問題発見・解決能力等の学習の基盤となる資質・能力を育成していくことができるよう，各教科等の特質を生かし，教科等横断的な視点から教育課程の編成を図るものとする。

(2)　各学校においては，児童や学校，地域の実態及び児童の発達の段階を考慮し，豊かな人生の実現や災害等を乗り越えて次代の社会を形成することに向けた現代的な諸課題に対応して求められる資質・能力を，教科等横断的な視点で育成していくことができるよう，各学校の特色を生かした教育課程の編成を図るものとする。

３　教育課程の編成における共通的事項

(1)　内容等の取扱い

ア　第２章以下に示す各教科，道徳科，外国語活動及び特別活動の内容に関する事項は，特に示す場合を除き，いずれの学校においても取り扱わなければならない。

イ　学校において特に必要がある場合には，第２章以下に示していない内容を加えて指導することができる。また，第２章以下に示す内容の取扱いのうち内容の範囲や程度等を示す事項は，全ての児童に対して指導するものとする内容の範囲や程度等を示したものであり，学校において特に必要がある場合には，この事項にかかわらず加えて指導することができる。ただし，これらの場合には，第２章以下に示す各教科，道徳科，外国語活動及び特別活動の目標や内容の趣旨を逸脱したり，児童の負担過重となったりすることのないようにしなければならない。

ウ　第２章以下に示す各教科，道徳科，外国語活動及び特別活動の内容に掲げる事項の順序は，特に示す場合を除き，指導の順序を示すものではないので，学校においては，その取扱いについて適切な工夫を加えるものとする。

エ　学年の内容を２学年まとめて示した教科及び外国語活動の内容は，２学年間かけて指導する事項を示したものである。各学校においては，これらの事項を児童や学校，地域の実態に応じ，２学年間を見通して計画的に指導することとし，特に示す場合を除き，いずれかの学年に分けて，又はいずれの学年においても指導するものとする。

オ　学校において２以上の学年の児童で編制する学級について特に必要がある場合には，各教科及び道徳科の目標の達成に支障のない範囲内で，各教科及び道徳科の目標及び内容について学年別の順序によらないことができる。

カ　道徳科を要として学校の教育活動全体を通じて行う道徳教育の内容は，第３章特別の教科道徳の第２に示す内容とし，その実施に当たっては，第６に示す道徳教育に関する配慮事項を踏まえるものとする。

(2)　授業時数等の取扱い

ア　各教科等の授業は，年間35週（第１学年については34週）以上にわたって行うよう計画し，週当たりの授業時数が児童の負担過重にならないようにするものとする。ただし，各教科等や学習活動の特質に応じ効果的な場合には，夏季，冬季，学年末等の休業日の期間に授業日を設定する場合を含め，これらの授業を特定の期間に行うことができる。

イ　特別活動の授業のうち，児童会活動，クラブ活動及び学校行事については，それらの内容に応じ，年間，学期ごと，月ごとなどに適切な授業時数を充てるものとする。

ウ　各学校の時間割については，次の事項を踏まえ適切に編成するものとする。

(ｱ) 各教科等のそれぞれの授業の１単位時間は，各学校において，各教科等の年間授業時数を確保しつつ，児童の発達の段階及び各教科等や学習活動の特質を考慮して適切に定めること。

(ｲ) 各教科等の特質に応じ，10分から15分程度の短い時間を活用して特定の教科等の指導を行う場合において，教師が，単元や題材など内容や時間のまとまりを見通した中で，その指導内容の決定や指導の成果の把握と活用等を責任をもって行う体制が整備されているときは，その時間を当該教科等の年間授業時数に含めることができること。

(ｳ) 給食，休憩などの時間については，各学校において工夫を加え，適切に定めること。

(ｴ) 各学校において，児童や学校，地域の実態，各教科等や学習活動の特質等に応じて，創意工夫を生かした時間割を弾力的に編成できること。

エ　総合的な学習の時間における学習活動により，特別活動の学校行事に掲げる各行事の実施と同様の成果が期待できる場合においては，総合的な学習の時間における学習活動をもって相当する特別活動の学校行事に掲げる各行事の実施に替えることができる。

(3)　指導計画の作成等に当たっての配慮事項

各学校においては，次の事項に配慮しながら，学校の創意工夫を生かし，全体として，調和のとれた具体的な指導計画を作成するものとする。

ア　各教科等の指導内容については，(1) のアを踏まえつつ，単元や題材など内容や時間のまとまりを見通しながら，そのまとめ方や重点の置き方に適切な工夫を加え，第３の１に示す主体的・対話的で深い学びの実現に向けた授業改善を通して資質・能力を育む効果的な指導ができるようにすること。

イ　各教科等及び各学年相互間の関連を図り，系統的，発展的な指導ができるようにすること。

ウ　学年の内容を２学年まとめて示した教科及び外国語活動については，当該学年間を見通して，児童や学校，地域の実態に応じ，児童の発達の段階を考慮しつつ，効果的，段階的に指導するようにすること。

エ　児童の実態等を考慮し，指導の効果を高めるため，児童の発達の段階や指導内容の関連性等を踏まえつつ，合科的・関連的な指導を進めること。

4　学校段階等間の接続

教育課程の編成に当たっては，次の事項に配慮しながら，学校段階等間の接続を図るものとする。

(1)　幼児期の終わりまでに育ってほしい姿を踏まえた指導を工夫することにより，幼稚園教育要領等に基づく幼児期の教育を通して育まれた資質・能力を踏まえて教育活動を実施し，児童が主体的に自己を発揮しながら学びに向かうことが可能となるようにすること。

また，低学年における教育全体において，例えば生活科において育成する自立し生活を豊かにしていくための資質・能力が，他教科等の学習においても生かされるようにするなど，教科等間の関連を積極的に図り，幼児期の教育及び中学年以降の教育との円滑な接続が図られるよう工夫すること。特に，小学校入学当初においては，幼児期において自発的な活動としての遊びを通して育まれてきたことが，各教科等における学習に円滑に接続されるよう，生活科を中心に，合科的・関連的な指導や弾力的な時間割の設定など，指導の工夫や指導計画の作成を行うこと。

(2)　中学校学習指導要領及び高等学校学習指導要領を踏まえ，中学校教育及びその後の教育との円滑な接続が図られるよう工夫すること。特に，義務教育学校，中学校連携型小学校及び中学校併設型小学校においては，義務教育９年間を見通した計画的かつ継続的な教育課程を編成すること。



## 第３　教育課程の実施と学習評価

1　主体的・対話的で深い学びの実現に向けた授業改善

各教科等の指導に当たっては，次の事項に配慮するものとする。

(1)　第１の３の (1) から (3) までに示すことが偏りなく実現されるよう，単元や題材など内容や時間のまとまりを見通しながら，児童の主体的・対話的で深い学びの実現に向けた授業改善を行うこと。

特に，各教科等において身に付けた知識及び技能を活用したり，思考力，判断力，表現力等や学びに向かう力，人間性等を発揮させたりして，学習の対象となる物事を捉え思考することにより，各教科等の特質に応じた物事を捉える視点や考え方（以下「見方・考え方」という。）が鍛えられていくことに留意し，児童が各教科等の特質に応じた見方・考え方を働かせながら，知識を相互に関連付けてより深く理解したり，情報を精査して考えを形成したり，問題を見いだして解決策を考えたり，思いや考えを基に創造したりすることに向かう過程を重視した学習の充実を図ること。

(2)　第２の２の (1) に示す言語能力の育成を図るため，各学校において必要な言語環境を整えるとともに，国語科を要としつつ各教科等の特質に応じて，児童の言語活動を充実すること。あわせて，(7) に示すとおり読書活動を充実すること。

(3)　第２の２の (1) に示す情報活用能力の育成を図るため，各学校において，コンピュータや情報通信ネットワークなどの情報手段を活用するために必要な環境を整え，これらを適切に活用した学習活動の充実を図ること。また，各種の統計資料や新聞，視聴覚教材や教育機器などの教材・教具の適切な活用を図ること。

あわせて，各教科等の特質に応じて，次の学習活動を計画的に実施すること。

ア　児童がコンピュータで文字を入力するなどの学習の基盤として必要となる情報手段の基本的な操作を習得するための学習活動

イ　児童がプログラミングを体験しながら，コンピュータに意図した処理を行わせるために必要な論理的思考力を身に付けるための学習活動

(4)　児童が学習の見通しを立てたり学習したことを振り返ったりする活動を，計画的に取り入れるように工夫すること。

(5)　児童が生命の有限性や自然の大切さ，主体的に挑戦してみることや多様な他者と協働することの重要性などを実感しながら理解することができるよう，各教科等の特質に応じた体験活動を重視し，家庭や地域社会と連携しつつ体系的・継続的に実施できるよう工夫すること。

(6)　児童が自ら学習課題や学習活動を選択する機会を設けるなど，児童の興味・関心を生かした自主的，自発的な学習が促されるよう工夫すること。

(7)　学校図書館を計画的に利用しその機能の活用を図り，児童の主体的・対話的で深い学びの実現に向けた授業改善に生かすとともに，児童の自主的，自発的な学習活動や読書活動を充実すること。また，地域の図書館や博物館，美術館，劇場，音楽堂等の施設の活用を積極的に図り，資料を活用した情報の収集や鑑賞等の学習活動を充実すること。

2　学習評価の充実

学習評価の実施に当たっては，次の事項に配慮するものとする。

(1)　児童のよい点や進歩の状況などを積極的に評価し，学習したことの意義や価値を実感できるようにすること。また，各教科等の目標の実現に向けた学習状況を把握する観点から，単元や題材など内容や時間のまとまりを見通しながら評価の場面や方法を工夫して，学習の過程や成果を評価し，指導の改善や学習意欲の向上を図り，資質・能力の育成に生かすようにすること。

(2)　創意工夫の中で学習評価の妥当性や信頼性が高められるよう，組織的かつ計画的な取組を推進するとともに，学年や学校段階を越えて児童の学習の成果が円滑に接続されるように工夫すること。)

## 第4　児童の発達の支援

1　児童の発達を支える指導の充実

教育課程の編成及び実施に当たっては，次の事項に配慮するものとする。

(1)　学習や生活の基盤として，教師と児童との信頼関係及び児童相互のよりよい人間関係を育てるため，日頃から学級経営の充実を図ること。また，主に集団の場面で必要な指導や援助を行うガイダンスと，個々の児童の多様な実態を踏まえ，一人一人が抱える課題に個別に対応した指導を行うカウンセリングの双方により，児童の発達を支援すること。

あわせて，小学校の低学年，中学年，高学年の学年の時期の特長を生かした指導の工夫を行うこと。

(2)　児童が，自己の存在感を実感しながら，よりよい人間関係を形成し，有意義で充実した学校生活を送る中で，現在及び将来における自己実現を図っていくことができるよう，児童理解を深め，学習指導と関連付けながら，生徒指導の充実を図ること。

(3)　児童が，学ぶことと自己の将来とのつながりを見通しながら，社会的・職業的自立に向けて必要な基盤となる資質・能力を身に付けていくことができるよう，特別活動を要としつつ各教科等の特質に応じて，キャリア教育の充実を図ること。

(4)　児童が，基礎的・基本的な知識及び技能の習得も含め，学習内容を確実に身に付けることができるよう，児童や学校の実態に応じ，個別学習やグループ別学習，繰り返し学習，学習内容の習熟の程度に応じた学習，児童の興味・関心等に応じた課題学習，補充的な学習や発展的な学習などの学習活動を取り入れることや，教師間の協力による指導体制を確保することなど，指導方法や指導体制の工夫改善により，個に応じた指導の充実を図ること。その際，第3の1の(3)に示す情報手段や教材・教具の活用を図ること。

2　特別な配慮を必要とする児童への指導

(1)　障害のある児童などへの指導

ア　障害のある児童などについては，特別支援学校等の助言又は援助を活用しつつ，個々の児童の障害の状態等に応じた指導内容や指導方法の工夫を組織的かつ計画的に行うものとする。

イ　特別支援学級において実施する特別の教育課程については，次のとおり編成するものとする。

(ｱ) 障害による学習上又は生活上の困難を克服し自立を図るため，特別支援学校小学部・中学部学習指導要領第7章に示す自立活動を取り入れること。

(ｲ) 児童の障害の程度や学級の実態等を考慮の上，各教科の目標や内容を下学年の教科の目標や内容に替えたり，各教科を，知的障害者である児童に対する教育を行う特別支援学校の各教科に替えたりするなどして，実態に応じた教育課程を編成すること。

ウ　障害のある児童に対して，通級による指導を行い，特別の教育課程を編成する場合には，特別支援学校小学部・中学部学習指導要領第7章に示す自立活動の内容を参考とし，具体的な目標や内容を定め，指導を行うものとする。その際，効果的な指導が行われるよう，各教科等と通級による指導との関連を図るなど，教師間の連携に努めるものとする。

エ　障害のある児童などについては，家庭，地域及び医療や福祉，保健，労働等の業務を行う関係機関との連携を図り，長期的な視点で児童への教育的支援を行うために，個別の教育支援計画を作成し活用することに努めるとともに，各教科等の指導に当たって，個々の児童の実態を的確に把握し，個別の指導計画を作成し活用することに努めるものとする。特に，特別支援学級に在籍する児童や通級による指導を受ける児童については，個々の児童の実態を的確に把握し，個別の教育支援計画や個別の指導計画を作成し，効果的に活用するものとする。

(2)　海外から帰国した児童などの学校生活への適応や，日本語の習得に困難のある児童に対する日本語指導

ア　海外から帰国した児童などについては，学校生活への適応を図るとともに，外国における生活経験を生かすなどの適切な指導を行うものとする。

イ　日本語の習得に困難のある児童については，個々の児童の実態に応じた指導内容や指導方法の工夫を組織的かつ計画的に行うものとする。特に，通級による日本語指導については，教師間の連携に努め，指導についての計画を個別に作成することなどにより，効果的な指導に努めるものとする。

(3)　不登校児童への配慮

ア　不登校児童については，保護者や関係機関と連携を図り，心理や福祉の専門家の助言又は援助を得ながら，社会的自立を目指す観点から，個々の児童の実態に応じた情報の提供その他の必要な支援を行うものとする。

イ　相当の期間小学校を欠席し引き続き欠席すると認められる児童を対象として，文部科学大臣が認める特別の教育課程を編成する場合には，児童の実態に配慮した教育課程を編成するとともに，個別学習やグループ別学習など指導方法や指導体制の工夫改善に努めるものとする。



## 第5　学校運営上の留意事項

1　教育課程の改善と学校評価等

ア　各学校においては，校長の方針の下に，校務分掌に基づき教職員が適切に役割を分担しつつ，相互に連携しながら，各学校の特色を生かしたカリキュラム・マネジメントを行うよう努めるものとする。また，各学校が行う学校評価については，教育課程の編成，実施，改善が教育活動や学校運営の中核となることを踏まえ，カリキュラム・マネジメントと関連付けながら実施するよう留意するものとする。

イ　教育課程の編成及び実施に当たっては，学校保健計画，学校安全計画，食に関する指導の全体計画，いじめの防止等のための対策に関する基本的な方針など，各分野における学校の全体計画等と関連付けながら，効果的な指導が行われるように留意するものとする。

2　家庭や地域社会との連携及び協働と学校間の連携

教育課程の編成及び実施に当たっては，次の事項に配慮するものとする。

ア　学校がその目的を達成するため，学校や地域の実態等に応じ，教育活動の実施に必要な人的又は物的な体制を家庭や地域の人々の協力を得ながら整えるなど，家庭や地域社会との連携及び協働を深めること。また，高齢者や異年齢の子供など，地域における世代を越えた交流の機会を設けること。

イ　他の小学校や，幼稚園，認定こども園，保育所，中学校，高等学校，特別支援学校などとの間

の連携や交流を図るとともに，障害のある幼児児童生徒との交流及び共同学習の機会を設け，共に尊重し合いながら協働して生活していく態度を育むようにすること。

## 第6　道徳教育に関する配慮事項

道徳教育を進めるに当たっては，道徳教育の特質を踏まえ，前項までに示す事項に加え，次の事項に配慮するものとする。

1　各学校においては，第1の2の(2)に示す道徳教育の目標を踏まえ，道徳教育の全体計画を作成し，校長の方針の下に，道徳教育の推進を主に担当する教師（以下「道徳教育推進教師」という。）を中心に，全教師が協力して道徳教育を展開すること。なお，道徳教育の全体計画の作成に当たっては，児童や学校，地域の実態を考慮して，学校の道徳教育の重点目標を設定するとともに，道徳科の指導方針，第3章特別の教科道徳の第2に示す内容との関連を踏まえた各教科，外国語活動，総合的な学習の時間及び特別活動における指導の内容及び時期並びに家庭や地域社会との連携の方法を示すこと。

2　各学校においては，児童の発達の段階や特性等を踏まえ，指導内容の重点化を図ること。その際，各学年を通じて，自立心や自律性，生命を尊重する心や他者を思いやる心を育てることに留意すること。また，各学年段階においては，次の事項に留意すること。

(1)　第1学年及び第2学年においては，挨拶などの基本的な生活習慣を身に付けること，善悪を判断し，してはならないことをしないこと，社会生活上のきまりを守ること。

(2)　第3学年及び第4学年においては，善悪を判断し，正しいと判断したことを行うこと，身近な人々と協力し助け合うこと，集団や社会のきまりを守ること。

(3)　第5学年及び第6学年においては，相手の考え方や立場を理解して支え合うこと，法やきまりの意義を理解して進んで守ること，集団生活の充実に努めること，伝統と文化を尊重し，それらを育んできた我が国と郷土を愛するとともに，他国を尊重すること。

3　学校や学級内の人間関係や環境を整えるとともに，集団宿泊活動やボランティア活動，自然体験活動，地域の行事への参加などの豊かな体験を充実すること。また，道徳教育の指導内容が，児童の日常生活に生かされるようにすること。その際，いじめの防止や安全の確保等にも資することとなるよう留意すること。

4　学校の道徳教育の全体計画や道徳教育に関する諸活動などの情報を積極的に公表したり，道徳教育の充実のために家庭や地域の人々の積極的な参加や協力を得たりするなど，家庭や地域社会との共通理解を深め，相互の連携を図ること。

# 小学校学習指導要領　第３章　特別の教科　道徳

## 第１　目　標

第１章総則の第１の２の (2) に示す道徳教育の目標に基づき，よりよく生きるための基盤となる道徳性を養うため，道徳的諸価値についての理解を基に，自己を見つめ，物事を多面的・多角的に考え，自己の生き方についての考えを深める学習を通して，道徳的な判断力，心情，実践意欲と態度を育てる。

## 第２　内　容

学校の教育活動全体を通じて行う道徳教育の要である道徳科においては，以下に示す項目について扱う。

**A　主として自分自身に関すること**

［善悪の判断，自律，自由と責任］

〔第１学年及び第２学年〕

よいことと悪いこととの区別をし，よいと思うことを進んで行うこと。

〔第３学年及び第４学年〕

正しいと判断したことは，自信をもって行うこと。

〔第５学年及び第６学年〕

自由を大切にし，自律的に判断し，責任のある行動をすること。

［正直，誠実］

〔第１学年及び第２学年〕

うそをついたりごまかしをしたりしないで，素直に伸び伸びと生活すること。

〔第３学年及び第４学年〕

過ちは素直に改め，正直に明るい心で生活すること。

〔第５学年及び第６学年〕

誠実に，明るい心で生活すること。

［節度，節制］

〔第１学年及び第２学年〕

健康や安全に気を付け，物や金銭を大切にし，身の回りを整え，わがままをしないで，規則正しい生活をすること。

〔第３学年及び第４学年〕

自分でできることは自分でやり，安全に気を付け，よく考えて行動し，節度のある生活をすること。

〔第５学年及び第６学年〕

安全に気を付けることや，生活習慣の大切さについて理解し，自分の生活を見直し，節度を守り節制に心掛けること。

［個性の伸長］

〔第１学年及び第２学年〕

自分の特徴に気付くこと。

〔第３学年及び第４学年〕

自分の特徴に気付き，長所を伸ばすこと。

〔第５学年及び第６学年〕

自分の特徴を知って，短所を改め長所を伸ばすこと。

［希望と勇気，努力と強い意志］

〔第１学年及び第２学年〕

自分のやるべき勉強や仕事をしっかりと行うこと。

〔第３学年及び第４学年〕

自分でやろうと決めた目標に向かって，強い意志をもち，粘り強くやり抜くこと。

〔第５学年及び第６学年〕

より高い目標を立て，希望と勇気をもち，困難があってもくじけずに努力して物事をやり抜くこと。

［真理の探究］

〔第５学年及び第６学年〕

真理を大切にし，物事を探究しようとする心をもつこと。

**B　主として人との関わりに関すること**

［親切，思いやり］

〔第１学年及び第２学年〕

身近にいる人に温かい心で接し，親切にすること。

〔第３学年及び第４学年〕

相手のことを思いやり，進んで親切にすること。

〔第５学年及び第６学年〕

誰に対しても思いやりの心をもち，相手の立場に立って親切にすること。

［感謝］

〔第１学年及び第２学年〕

家族など日頃世話になっている人々に感謝すること。

〔第３学年及び第４学年〕

家族など生活を支えてくれている人々や現在の生活を築いてくれた高齢者に，尊敬と感謝の気持ちをもって接すること。

〔第５学年及び第６学年〕

日々の生活が家族や過去からの多くの人々の支え合いや助け合いで成り立っていることに感謝し，それに応えること。

［礼儀］

〔第１学年及び第２学年〕

気持ちのよい挨拶，言葉遣い，動作などに心掛けて，明るく接すること。

〔第３学年及び第４学年〕

礼儀の大切さを知り，誰に対しても真心をもって接すること。

〔第５学年及び第６学年〕

時と場をわきまえて，礼儀正しく真心をもって接すること。

［友情，信頼］

〔第１学年及び第２学年〕

友達と仲よくし，助け合うこと。

〔第３学年及び第４学年〕

友達と互いに理解し，信頼し，助け合うこと。

〔第５学年及び第６学年〕

友達と互いに信頼し，学び合って友情を深め，異性についても理解しながら，人間関係を築いていくこと。

［相互理解，寛容］

〔第３学年及び第４学年〕

自分の考えや意見を相手に伝えるとともに，相手のことを理解し，自分と異なる意見も大切にすること。

〔第５学年及び第６学年〕

自分の考えや意見を相手に伝えるとともに，謙虚な心をもち，広い心で自分と異なる意見や立場を尊重すること。

**C　主として集団や社会との関わりに関すること**

［規則の尊重］

〔第１学年及び第２学年〕

約束やきまりを守り，みんなが使う物を大切にすること。

〔第３学年及び第４学年〕

約束や社会のきまりの意義を理解し，それらを守ること。

〔第５学年及び第６学年〕

法やきまりの意義を理解した上で進んでそれらを守り，自他の権利を大切にし，義務を果たすこと。

［公正，公平，社会正義］

〔第１学年及び第２学年〕

自分の好き嫌いにとらわれないで接すること。

〔第３学年及び第４学年〕

誰に対しても分け隔てをせず，公正，公平な態度で接すること。

〔第５学年及び第６学年〕

誰に対しても差別をすることや偏見をもつことなく，公正，公平な態度で接し，正義の実現に努めること。

［勤労，公共の精神］

〔第１学年及び第２学年〕

働くことのよさを知り，みんなのために働くこと。

〔第３学年及び第４学年〕

働くことの大切さを知り，進んでみんなのために働くこと。

〔第５学年及び第６学年〕

働くことや社会に奉仕することの充実感を味わうとともに，その意義を理解し，公共のために役に立つことをすること。

［家族愛，家庭生活の充実］

〔第１学年及び第２学年〕

父母，祖父母を敬愛し，進んで家の手伝いなどをして，家族の役に立つこと。

〔第３学年及び第４学年〕

父母，祖父母を敬愛し，家族みんなで協力し合って楽しい家庭をつくること。

〔第５学年及び第６学年〕

父母，祖父母を敬愛し，家族の幸せを求めて，進んで役に立つことをすること。

［よりよい学校生活，集団生活の充実］

〔第１学年及び第２学年〕

先生を敬愛し，学校の人々に親しんで，学級や学校の生活を楽しくすること。

〔第３学年及び第４学年〕

先生や学校の人々を敬愛し，みんなで協力し合って楽しい学級や学校をつくること。

〔第５学年及び第６学年〕

先生や学校の人々を敬愛し，みんなで協力し合ってよりよい学級や学校をつくるとともに，様々な集団の中での自分の役割を自覚して集団生活の充実に努めること。

［伝統と文化の尊重，国や郷土を愛する態度］

〔第１学年及び第２学年〕

我が国や郷土の文化と生活に親しみ，愛着をもつこと。

〔第３学年及び第４学年〕

我が国や郷土の伝統と文化を大切にし，国や郷土を愛する心をもつこと。

〔第５学年及び第６学年〕

我が国や郷土の伝統と文化を大切にし，先人の努力を知り，国や郷土を愛する心をもつこと。

［国際理解，国際親善］

〔第１学年及び第２学年〕

他国の人々や文化に親しむこと。

〔第３学年及び第４学年〕

他国の人々や文化に親しみ，関心をもつこと。

〔第５学年及び第６学年〕

他国の人々や文化について理解し，日本人としての自覚をもって国際親善に努めること。

**D　主として生命や自然，崇高なものとの関わりに関すること**

［生命の尊さ］

〔第１学年及び第２学年〕

生きることのすばらしさを知り，生命を大切にすること。

〔第３学年及び第４学年〕
生命の尊さを知り，生命あるものを大切にすること。
〔第５学年及び第６学年〕
生命が多くの生命のつながりの中にあるかけがえのないものであることを理解し，生命を尊重すること。
［自然愛護］
〔第１学年及び第２学年〕
身近な自然に親しみ，動植物に優しい心で接すること。
〔第３学年及び第４学年〕
自然のすばらしさや不思議さを感じ取り，自然や動植物を大切にすること。
〔第５学年及び第６学年〕
自然の偉大さを知り，自然環境を大切にすること。
［感動，畏敬の念］
〔第１学年及び第２学年〕
美しいものに触れ，すがすがしい心をもつこと。
〔第３学年及び第４学年〕
美しいものや気高いものに感動する心をもつこと。
〔第５学年及び第６学年〕
美しいものや気高いものに感動する心や人間の力を超えたものに対する畏敬の念をもつこと。
［よりよく生きる喜び］
〔第５学年及び第６学年〕
よりよく生きようとする人間の強さや気高さを理解し，人間として生きる喜びを感じること。

## 第３　指導計画の作成と内容の取扱い

1　各学校においては，道徳教育の全体計画に基づき，各教科，外国語活動，総合的な学習の時間及び特別活動との関連を考慮しながら，道徳科の年間指導計画を作成するものとする。なお，作成に当たっては，第２に示す各学年段階の内容項目について，相当する各学年において全て取り上げることとする。その際，児童や学校の実態に応じ，２学年間を見通した重点的な指導や内容項目間の関連を密にした指導，一つの内容項目を複数の時間で扱う指導を取り入れるなどの工夫を行うものとする。

2　第２の内容の指導に当たっては，次の事項に配慮するものとする。

(1)　校長や教頭などの参加，他の教師との協力的な指導などについて工夫し，道徳教育推進教師を中心とした指導体制を充実すること。

(2)　道徳科が学校の教育活動全体を通じて行う道徳教育の要としての役割を果たすことができるよう，計画的・発展的な指導を行うこと。特に，各教科，外国語活動，総合的な学習の時間及び特別活動における道徳教育としては取り扱う機会が十分でない内容項目に関わる指導を補うことや，児童や学校の実態等を踏まえて指導をより一層深めること，内容項目の相互の関連を捉え直したり発展させたりすることに留意すること。

(3)　児童が自ら道徳性を養う中で，自らを振り返って成長を実感したり，これからの課題や目標を見付けたりすることができるよう工夫すること。その際，道徳性を養うことの意義について，児童自らが考え，理解し，主体的に学習に取り組むことができるようにすること。

(4)　児童が多様な感じ方や考え方に接する中で，考えを深め，判断し，表現する力などを育むことができるよう，自分の考えを基に話し合ったり書いたりするなどの言語活動を充実すること。

(5)　児童の発達の段階や特性等を考慮し，指導のねらいに即して，問題解決的な学習，道徳的行為に関する体験的な学習等を適切に取り入れるなど，指導方法を工夫すること。その際，それらの活動を通じて学んだ内容の意義などについて考えることができるようにすること。また，特別活動等における多様な実践活動や体験活動も道徳科の授業に生かすようにすること。

(6)　児童の発達の段階や特性等を考慮し，第２に示す内容との関連を踏まえつつ，情報モラルに関する指導を充実すること。また，児童の発達の段階や特性等を考慮し，例えば，社会の持続可能な発展などの現代的な課題の取扱いにも留意し，身近な社会的課題を自分との関係において考え，それらの解決に寄与しようとする意欲や態度を育てるよう努めること。なお，多様な見方や考え方のできる事柄について，特定の見方や考え方に偏った指導を行うことのないようにすること。

(7) 道徳科の授業を公開したり，授業の実施や地域教材の開発や活用などに家庭や地域の人々，各分野の専門家等の積極的な参加や協力を得たりするなど，家庭や地域社会との共通理解を深め，相互の連携を図ること。

3 教材については，次の事項に留意するものとする。

(1) 児童の発達の段階や特性，地域の実情等を考慮し，多様な教材の活用に努めること。特に，生命の尊厳，自然，伝統と文化，先人の伝記，スポーツ，情報化への対応等の現代的な課題などを題材とし，児童が問題意識をもって多面的・多角的に考えたり，感動を覚えたりするような充実した教材の開発や活用を行うこと。

(2) 教材については，教育基本法や学校教育法その他の法令に従い，次の観点に照らし適切と判断されるものであること。

ア 児童の発達の段階に即し，ねらいを達成するのにふさわしいものであること。

イ 人間尊重の精神にかなうものであって，悩みや葛藤等の心の揺れ，人間関係の理解等の課題も含め，児童が深く考えることができ，人間としてよりよく生きる喜びや勇気を与えられるものであること。

ウ 多様な見方や考え方のできる事柄を取り扱う場合には，特定の見方や考え方に偏った取扱いがなされていないものであること。

4 児童の学習状況や道徳性に係る成長の様子を継続的に把握し，指導に生かすよう努める必要がある。ただし，数値などによる評価は行わないものとする。

# 中学校学習指導要領　第３章　特別の教科　道徳

## 第１　目　標

第１章総則の第１の２の(2)に示す道徳教育の目標に基づき，よりよく生きるための基盤となる道徳性を養うため，道徳的諸価値についての理解を基に，自己を見つめ，物事を広い視野から多面的･多角的に考え，人間としての生き方についての考えを深める学習を通して，道徳的な判断力，心情，実践意欲と態度を育てる。

## 第２　内　容

学校の教育活動全体を通じて行う道徳教育の要である道徳科においては，以下に示す項目について扱う。

### A　主として自分自身に関すること

[自主，自律，自由と責任]
　自律の精神を重んじ，自主的に考え，判断し，誠実に実行してその結果に責任をもつこと。
[節度，節制]
　望ましい生活習慣を身に付け，心身の健康の増進を図り，節度を守り節制に心掛け，安全で調和のある生活をすること。
[向上心，個性の伸長]
　自己を見つめ，自己の向上を図るとともに，個性を伸ばして充実した生き方を追求すること。
[希望と勇気，克己と強い意志]
　より高い目標を設定し，その達成を目指し，希望と勇気をもち，困難や失敗を乗り越えて着実にやり遂げること。
[真理の探究，創造]
　真実を大切にし，真理を探究して新しいものを生み出そうと努めること。

### B　主として人との関わりに関すること

[思いやり，感謝]
　思いやりの心をもって人と接するとともに，家族などの支えや多くの人々の善意により日々の生活や現在の自分があることに感謝し，進んでそれに応え，人間愛の精神を深めること。
[礼儀]
　礼儀の意義を理解し，時と場に応じた適切な言動をとること。
[友情，信頼]
　友情の尊さを理解して心から信頼できる友達をもち，互いに励まし合い，高め合うとともに，異性についての理解を深め，悩みや葛藤も経験しながら人間関係を深めていくこと。
[相互理解，寛容]
　自分の考えや意見を相手に伝えるとともに，それぞれの個性や立場を尊重し，いろいろなものの見方や考え方があることを理解し，寛容の心をもって謙虚に他に学び，自らを高めていくこと。

### C　主として集団や社会との関わりに関すること

[遵法精神，公徳心]
　法やきまりの意義を理解し，それらを進んで守るとともに，そのよりよい在り方について考え，自他の権利を大切にし，義務を果たして，規律ある安定した社会の実現に努めること。
[公正，公平，社会正義]
　正義と公正さを重んじ，誰に対しても公平に接し，差別や偏見のない社会の実現に努めること。
[社会参画，公共の精神]
　社会参画の意識と社会連帯の自覚を高め，公共の精神をもってよりよい社会の実現に努めること。
[勤労]
　勤労の尊さや意義を理解し，将来の生き方について考えを深め，勤労を通じて社会に貢献すること。
[家族愛，家庭生活の充実]
　父母，祖父母を敬愛し，家族の一員としての自覚をもって充実した家庭生活を築くこと。

［よりよい学校生活，集団生活の充実］

教師や学校の人々を敬愛し，学級や学校の一員としての自覚をもち，協力し合ってよりよい校風をつくるとともに，様々な集団の意義や集団の中での自分の役割と責任を自覚して集団生活の充実に努めること。

［郷土の伝統と文化の尊重，郷土を愛する態度］

郷土の伝統と文化を大切にし，社会に尽くした先人や高齢者に尊敬の念を深め，地域社会の一員としての自覚をもって郷土を愛し，進んで郷土の発展に努めること。

［我が国の伝統と文化の尊重，国を愛する態度］

優れた伝統の継承と新しい文化の創造に貢献するとともに，日本人としての自覚をもって国を愛し，国家及び社会の形成者として，その発展に努めること。

［国際理解，国際貢献］

世界の中の日本人としての自覚をもち，他国を尊重し，国際的視野に立って，世界の平和と人類の発展に寄与すること。

**D　主として生命や自然，崇高なものとの関わりに関すること**

［生命の尊さ］

生命の尊さについて，その連続性や有限性なども含めて理解し，かけがえのない生命を尊重すること。

［自然愛護］

自然の崇高さを知り，自然環境を大切にすることの意義を理解し，進んで自然の愛護に努めること。

［感動，畏敬の念］

美しいものや気高いものに感動する心をもち，人間の力を超えたものに対する畏敬の念を深めること。

［よりよく生きる喜び］

人間には自らの弱さや醜さを克服する強さや気高く生きようとする心があることを理解し，人間として生きることに喜びを見いだすこと。

## 第３　指導計画の作成と内容の取扱い

1　各学校においては，道徳教育の全体計画に基づき，各教科，総合的な学習の時間及び特別活動との関連を考慮しながら，道徳科の年間指導計画を作成するものとする。なお，作成に当たっては，第２に示す内容項目について，各学年において全て取り上げることとする。その際，生徒や学校の実態に応じ，３学年間を見通した重点的な指導や内容項目間の関連を密にした指導，一つの内容項目を複数の時間で扱う指導を取り入れるなどの工夫を行うものとする。

2　第２の内容の指導に当たっては，次の事項に配慮するものとする。

(1)　学級担任の教師が行うことを原則とするが，校長や教頭などの参加，他の教師との協力的な指導などについて工夫し，道徳教育推進教師を中心とした指導体制を充実すること。

(2)　道徳科が学校の教育活動全体を通じて行う道徳教育の要としての役割を果たすことができるよう，計画的・発展的な指導を行うこと。特に，各教科，総合的な学習の時間及び特別活動における道徳教育としては取り扱う機会が十分でない内容項目に関わる指導を補うことや，生徒や学校の実態等を踏まえて指導をより一層深めること，内容項目の相互の関連を捉え直したり発展させたりすることに留意すること。

(3)　生徒が自ら道徳性を養う中で，自らを振り返って成長を実感したり，これからの課題や目標を見付けたりすることができるよう工夫すること。その際，道徳性を養うことの意義について，生徒自らが考え，理解し，主体的に学習に取り組むことができるようにすること。また，発達の段階を考慮し，人間としての弱さを認めながら，それを乗り越えてよりよく生きようとすることのよさについて，教師が生徒と共に考える姿勢を大切にすること。

(4)　生徒が多様な感じ方や考え方に接する中で，考えを深め，判断し，表現する力などを育むことができるよう，自分の考えを基に討論したり書いたりするなどの言語活動を充実すること。その際，様々な価値観について多面的・多角的な視点から振り返って考える機会を設けるとともに，生徒が多様な見方や考え方に接しながら，更に新しい見方や考え方を生み出していくことができるよう留意すること。

(5)　生徒の発達の段階や特性等を考慮し，指導のねらいに即して，問題解決的な学習，道徳的行為に関する体験的な学習等を適切に取り入れるなど，指導方法を工夫すること。その際，それらの活動を通じて学んだ内容の意義などについて考えることができるようにすること。また，特別活動等における多様な実践活動や体験活動も道徳科の授業に生かすようにすること。

(6) 生徒の発達の段階や特性等を考慮し，第２に示す内容との関連を踏まえつつ，情報モラルに関する指導を充実すること。また，例えば，科学技術の発展と生命倫理との関係や社会の持続可能な発展などの現代的な課題の取扱いにも留意し，身近な社会的課題を自分との関係において考え，その解決に向けて取り組もうとする意欲や態度を育てるよう努めること。なお，多様な見方や考え方のできる事柄について，特定の見方や考え方に偏った指導を行うことのないようにすること。

(7) 道徳科の授業を公開したり，授業の実施や地域教材の開発や活用などに家庭や地域の人々，各分野の専門家等の積極的な参加や協力を得たりするなど，家庭や地域社会との共通理解を深め，相互の連携を図ること。

3 教材については，次の事項に留意するものとする。

(1) 生徒の発達の段階や特性，地域の実情等を考慮し，多様な教材の活用に努めること。特に，生命の尊厳，社会参画，自然，伝統と文化，先人の伝記，スポーツ，情報化への対応等の現代的な課題などを題材とし，生徒が問題意識をもって多面的・多角的に考えたり，感動を覚えたりするような充実した教材の開発や活用を行うこと。

(2) 教材については，教育基本法や学校教育法その他の法令に従い，次の観点に照らし適切と判断されるものであること。

ア 生徒の発達の段階に即し，ねらいを達成するのにふさわしいものであること。

イ 人間尊重の精神にかなうものであって，悩みや葛藤等の心の揺れ，人間関係の理解等の課題も含め，生徒が深く考えることができ，人間としてよりよく生きる喜びや勇気を与えられるものであること。

ウ 多様な見方や考え方のできる事柄を取り扱う場合には，特定の見方や考え方に偏った取扱いがなされていないものであること。

4 生徒の学習状況や道徳性に係る成長の様子を継続的に把握し，指導に生かすよう努める必要がある。ただし，数値などによる評価は行わないものとする。

# 小学校学習指導要領解説　総則編（抄）

## 第1章　総　説

### 1　改訂の経緯及び基本方針

(1) 改訂の経緯

今の子供たちやこれから誕生する子供たちが，成人して社会で活躍する頃には，我が国は厳しい挑戦の時代を迎えていると予想される。生産年齢人口の減少，グローバル化の進展や絶え間ない技術革新等により，社会構造や雇用環境は大きく，また急速に変化しており，予測が困難な時代となっている。また，急激な少子高齢化が進む中で成熟社会を迎えた我が国にあっては，一人一人が持続可能な社会の担い手として，その多様性を原動力とし，質的な豊かさを伴った個人と社会の成長につながる新たな価値を生み出していくことが期待される。

こうした変化の一つとして，人工知能（AI）の飛躍的な進化を挙げることができる。人工知能が自ら知識を概念的に理解し，思考し始めているとも言われ，雇用の在り方や学校において獲得する知識の意味にも大きな変化をもたらすのではないかとの予測も示されている。このことは同時に，人工知能がどれだけ進化し思考できるようになったとしても，その思考の目的を与えたり，目的のよさ・正しさ・美しさを判断したりできるのは人間の最も大きな強みであるということの再認識につながっている。

このような時代にあって，学校教育には，子供たちが様々な変化に積極的に向き合い，他者と協働して課題を解決していくことや，様々な情報を見極め知識の概念的な理解を実現し情報を再構成するなどして新たな価値につなげていくこと，複雑な状況変化の中で目的を再構築することができるようにすることが求められている。

このことは，本来，我が国の学校教育が大切にしてきたことであるものの，教師の世代交代が進むと同時に，学校内における教師の世代間のバランスが変化し，教育に関わる様々な経験や知見をどのように継承していくかが課題となり，また，子供たちを取り巻く環境の変化により学校が抱える課題も複雑化・困難化する中で，これまでどおり学校の工夫だけにその実現を委ねることは困難になってきている。

こうした状況を踏まえ，平成26年11月には，文部科学大臣から新しい時代にふさわしい学習指導要領等の在り方について中央教育審議会に諮問を行った。中央教育審議会においては，2年1か月にわたる審議の末，平成28年12月21日に「幼稚園，小学校，中学校，高等学校及び特別支援学校の学習指導要領等の改善及び必要な方策等について（答申）」（以下「中央教育審議会答申」という。）を示した。

中央教育審議会答申においては，“よりよい学校教育を通じてよりよい社会を創る”という目標を学校と社会が共有し，連携・協働しながら，新しい時代に求められる資質・能力を子供たちに育む「社会に開かれた教育課程」の実現を目指し，学習指導要領等が，学校，家庭，地域の関係者が幅広く共有し活用できる「学びの地図」としての役割を果たすことができるよう，次の6点にわたってその枠組みを改善するとともに，各学校において教育課程を軸に学校教育の改善・充実の好循環を生み出す「カリキュラム・マネジメント」の実現を目指すことなどが求められた。

① 「何ができるようになるか」（育成を目指す資質・能力）
② 「何を学ぶか」（教科等を学ぶ意義と，教科等間・学校段階間のつながりを踏まえた教育課程の編成）
③ 「どのように学ぶか」（各教科等の指導計画の作成と実施，学習・指導の改善・充実）
④ 「子供一人一人の発達をどのように支援するか」（子供の発達を踏まえた指導）
⑤ 「何が身に付いたか」（学習評価の充実）
⑥ 「実施するために何が必要か」（学習指導要領等の理念を実現するために必要な方策）

これを踏まえ，平成29年3月31日に学校教育法施行規則を改正するとともに，幼稚園教育要領，小学校学習指導要領及び中学校学習指導要領を公示した。小学校学習指導要領は，平成30年4月1日から第3学年及び第4学年において外国語活動を実施する等の円滑に移行するための措置（移行措置）を実施し，令和2年4月1日から全面実施することとしている。また，中学校学習指導要領は，平成30年4月1日から移行措置を実施し，令和3年4月1日から全面実施することとしている。

(2) 改訂の基本方針

今回の改訂は中央教育審議会答申を踏まえ，次の基本方針に基づき行った。

① 今回の改訂の基本的な考え方

ア 教育基本法，学校教育法などを踏まえ，これまでの我が国の学校教育の実践や蓄積を生かし，子供たちが未来社会を切り拓くための資質・能力を一層確実に育成することを目指す。その際，子供たちに求められる資質・能力とは何かを社会と共有し，連携する「社会に開かれた教育課程」を重視すること。

イ 知識及び技能の習得と思考力，判断力，表現力等の育成のバランスを重視する平成20年改訂の学習指導要領の枠組みや教育内容を維持した上で，知識の理解の質を更に高め，確かな学力を育成すること。

ウ 先行する特別教科化など道徳教育の充実や体験活動の重視，体育・健康に関する指導の充実により，豊かな心や健やかな体を育成すること。

② 育成を目指す資質・能力の明確化

中央教育審議会答申においては，予測困難な社会の変化に主体的に関わり，感性を豊かに働かせながら，どのような未来を創っていくのか，どのように社会や人生をよりよいものにしていくのかという目的を自ら考え，自らの可能性を発揮し，よりよい社会と幸福な人生の創り手となる力を身に付けられるようにすることが重要であること，こうした力は全く新しい力ということではなく学校教育が長年その育成を目指してきた「生きる力」であることを改めて捉え直し，学校教育がしっかりとその強みを発揮できるようにしていくことが必要とされた。また，汎用的な能力の育成を重視する世界的な潮流を踏まえつつ，知識及び技能と思考力，判断力，表現力等をバランスよく育成してきた我が国の学校教育の蓄積を生かしていくことが重要とされた。

このため「生きる力」をより具体化し，教育課程全体を通して育成を目指す資質・能力を，ア「何を理解しているか，何ができるか（生きて働く「知識・技能」の習得)」，イ「理解していること・できることをどう使うか（未知の状況にも対応できる「思考力・判断力・表現力等」の育成)」，ウ「どのように社会・世界と関わり，よりよい人生を送るか（学びを人生や社会に生かそうとする「学びに向かう力・人間性等」の涵養)」の三つの柱に整理するとともに，各教科等の目標や内容についても，この三つの柱に基づく再整理を図るよう提言がなされた。

今回の改訂では，知・徳・体にわたる「生きる力」を子供たちに育むために「何のために学ぶのか」という各教科等を学ぶ意義を共有しながら，授業の創意工夫や教科書等の教材の改善を引き出していくことができるようにするため，全ての教科等の目標及び内容を「知識及び技能」，「思考力，判断力，表現力等」，「学びに向かう力，人間性等」の三つの柱で再整理した。

③ 「主体的・対話的で深い学び」の実現に向けた授業改善の推進

子供たちが，学習内容を人生や社会の在り方と結び付けて深く理解し，これからの時代に求められる資質・能力を身に付け，生涯にわたって能動的に学び続けることができるようにするためには，これまでの学校教育の蓄積を生かし，学習の質を一層高める授業改善の取組を活性化していくことが必要であり，我が国の優れた教育実践に見られる普遍的な視点である「主体的・対話的で深い学び」の実現に向けた授業改善（アクティブ・ラーニングの視点に立った授業改善）を推進することが求められる。

今回の改訂では「主体的・対話的で深い学び」の実現に向けた授業改善を進める際の指導上の配慮事項を総則に記載するとともに，各教科等の「第3 指導計画の作成と内容の取扱い」において，単元や題材など内容や時間のまとまりを見通して，その中で育む資質・能力の育成に向けて，「主体的・対話的で深い学び」の実現に向けた授業改善を進めることを示した。

その際，以下の6点に留意して取り組むことが重要である。

ア 児童生徒に求められる資質・能力を育成することを目指した授業改善の取組は，既に小・中学校を中心に多くの実践が積み重ねられており，特に義務教育段階はこれまで地道に取り組まれ蓄積されてきた実践を否定し，全く異なる指導方法を導入しなければならないと捉える必要はないこと。

イ 授業の方法や技術の改善のみを意図するものではなく，児童生徒に目指す資質・能力を育むために「主体的な学び」，「対話的な学び」，「深い学び」の視点で，授業改善を進めるものであること。

ウ 各教科等において通常行われている学習活動（言語活動，観察・実験，問題解決的な学習など）の質を向上させることを主眼とするものであること。

エ 1回1回の授業で全ての学びが実現されるものではなく，単元や題材など内容や時間のまとまりの中で，学習を見通し振り返る場面をどこに設定するか，グループなどで対話する場面をどこに設定するか，児童生徒が考える場面と教師が教える場面をどのように組み立てるかを考え，実現を図っていくものであること。

オ　深い学びの鍵として「見方・考え方」を働かせることが重要になること。各教科等の「見方・考え方」は，「どのような視点で物事を捉え，どのような考え方で思考していくのか」というその教科等ならではの物事を捉える視点や考え方である。各教科等を学ぶ本質的な意義の中核をなすものであり，教科等の学習と社会をつなぐものであることから，児童生徒が学習や人生において「見方・考え方」を自在に働かせることができるようにすることにこそ，教師の専門性が発揮されることが求められること。

カ　基礎的・基本的な知識及び技能の習得に課題がある場合には，その確実な習得を図ることを重視すること。

④　各学校におけるカリキュラム・マネジメントの推進

各学校においては，教科等の目標や内容を見通し，特に学習の基盤となる資質・能力（言語能力，情報活用能力（情報モラルを含む。以下同じ。），問題発見・解決能力等）や現代的な諸課題に対応して求められる資質・能力の育成のためには，教科等横断的な学習を充実することや，「主体的・対話的で深い学び」の実現に向けた授業改善を，単元や題材など内容や時間のまとまりを見通して行うことが求められる。これらの取組の実現のためには，学校全体として，児童生徒や学校，地域の実態を適切に把握し，教育内容や時間の配分，必要な人的・物的体制の確保，教育課程の実施状況に基づく改善などを通して，教育活動の質を向上させ，学習の効果の最大化を図るカリキュラム・マネジメントに努めることが求められる。

このため総則において，「児童や学校，地域の実態を適切に把握し，教育の目的や目標の実現に必要な教育の内容等を教科等横断的な視点で組み立てていくこと，教育課程の実施状況を評価してその改善を図っていくこと，教育課程の実施に必要な人的又は物的な体制を確保するとともにその改善を図っていくことなどを通して，教育課程に基づき組織的かつ計画的に各学校の教育活動の質の向上を図っていくこと（以下「カリキュラム・マネジメント」という。）に努める」ことについて新たに示した。

⑤　教育内容の主な改善事項

このほか，言語能力の確実な育成，理数教育の充実，伝統や文化に関する教育の充実，体験活動の充実，外国語教育の充実などについて総則や各教科等において，その特質に応じて内容やその取扱いの充実を図った。

付録5

## 2　改訂の要点

### (1) 学校教育法施行規則改正の要点

学校教育法施行規則では，教育課程編成の基本的な要素である各教科等の種類や授業時数，合科的な指導等について規定している。今回は，これらの規定について次のような改正を行った。

ア　児童が将来どのような職業に就くとしても，外国語で多様な人々とコミュニケーションを図ることができる能力は，生涯にわたる様々な場面で必要とされることが想定され，その基礎的な力を育成するために，小学校第３・４学年に「外国語活動」を，第５・６学年に「外国語科」を新設することとした。このため，学校教育法施行規則第 50 条においては，「小学校の教育課程は，国語，社会，算数，理科，生活，音楽，図画工作，家庭，体育及び外国語の各教科（中略），特別の教科である道徳，外国語活動，総合的な学習の時間並びに特別活動によって編成するものとする。」と規定することとした。

なお，特別の教科である道徳を位置付ける改正は，平成 27 年３月に行い，平成 30 年４月１日から施行することとなっており，今回の学校教育法施行規則の改正はそれを踏まえた上で，令和２年４月１日から施行することとなる。

イ　授業時数については，第３・４学年で新設する外国語活動に年間 35 単位時間，第５・６学年で新設する外国語科に年間 70 単位時間を充てることとし（第５・６学年の外国語活動は廃止），それに伴い各学年の年間総授業時数は，従来よりも，第３学年から第６学年で年間 35 単位時間増加することとした。

### (2) 前文の趣旨及び要点

学習指導要領等は，時代の変化や子供たちの状況，社会の要請等を踏まえ，これまでおおよそ 10 年ごとに改訂してきた。今回の改訂は，前述1(2)で述べた基本方針の下に行っているが，その理念を明確にし，社会で広く共有されるよう新たに前文を設け，次の事項を示した。

① 教育基本法に規定する教育の目的や目標の明記とこれからの学校に求められること

学習指導要領は，教育基本法に定める教育の目的や目標の達成のため，学校教育法に基づき国が定める教育課程の基準であり，いわば学校教育の「不易」として，平成18年の教育基本法の改正により明確になった教育の目的及び目標を明記した。

また，これからの学校には，急速な社会の変化の中で，一人一人の児童が自分のよさや可能性を認識できる自己肯定感を育むなど，持続可能な社会の創り手となることができるようにすることが求められることを明記した。

② 「社会に開かれた教育課程」の実現を目指すこと

教育課程を通して，これからの時代に求められる教育を実現していくためには，よりよい学校教育を通してよりよい社会を創るという理念を学校と社会とが共有することが求められる。

そのため，それぞれの学校において，必要な学習内容をどのように学び，どのような資質・能力を身に付けられるようにするのかを教育課程において明確にしながら，社会との連携及び協働によりその実現を図っていく，「社会に開かれた教育課程」の実現が重要となることを示した。

③ 学習指導要領を踏まえた創意工夫に基づく教育活動の充実

学習指導要領は，公の性質を有する学校における教育水準を全国的に確保することを目的に，教育課程の基準を大綱的に定めるものであり，それぞれの学校は，学習指導要領を踏まえ，各学校の特色を生かして創意工夫を重ね，長年にわたり積み重ねられてきた教育実践や学術研究の蓄積を生かしながら，児童や地域の現状や課題を捉え，家庭や地域社会と協力して，教育活動の更なる充実を図っていくことが重要であることを示した。

(3) 総則改正の要点

総則については，今回の改訂の趣旨が教育課程の編成や実施に生かされるようにする観点から，①資質・能力の育成を目指す「主体的・対話的で深い学び」の実現に向けた授業改善を進める，②カリキュラム・マネジメントの充実，③児童の発達の支援，家庭や地域との連携・協働を重視するなどの改善を行った。

① 資質・能力の育成を目指す「主体的・対話的で深い学び」

- 学校教育を通して育成を目指す資質・能力を「知識及び技能」，「思考力，判断力，表現力等」，「学びに向かう力，人間性等」に再整理し，それらがバランスよく育まれるよう改善した。
- 言語能力，情報活用能力，問題発見・解決能力等の学習の基盤となる資質・能力や，現代的な諸課題に対応して求められる資質・能力を教科等横断的な視点に基づき育成されるよう改善した。
- 資質・能力の育成を目指し，「主体的・対話的で深い学び」の実現に向けた授業改善が推進されるよう改善した。
- 言語活動や体験活動，ＩＣＴ等を活用した学習活動等を充実するよう改善するとともに，情報手段の基本的な操作の習得やプログラミング教育を新たに位置付けた。

② カリキュラム・マネジメントの充実

- カリキュラム･マネジメントの実践により，校内研修の充実等が図られるよう，章立てを改善した。
- 児童の実態等を踏まえて教育の内容や時間を配分し，授業改善や必要な人的・物的資源の確保などの創意工夫を行い，組織的・計画的な教育の質的向上を図るカリキュラム・マネジメントを推進するよう改善した。

③ 児童の発達の支援，家庭や地域との連携・協働

- 児童一人一人の発達を支える視点から，学級経営や生徒指導，キャリア教育の充実について示した。
- 障害のある児童や海外から帰国した児童，日本語の習得に困難のある児童，不登校の児童など，特別な配慮を必要とする児童への指導と教育課程の関係について示した。
- 教育課程の実施に当たり，家庭や地域と連携・協働していくことを示した。

## 3　道徳の特別の教科化に係る一部改正

(1) 一部改正の経緯

我が国の教育は，教育基本法第１条に示されているとおり「人格の完成を目指し，平和で民主的な国家及び社会の形成者として必要な資質を備えた心身ともに健康な国民の育成を期して行われ」るものである。人格の完成及び国民の育成の基盤となるのが道徳性であり，その道徳性を養うことが道徳教育の使命である。しかし，道徳教育を巡っては，歴史的経緯に影響され，いまだに道徳教育そのものを忌避しがちな風潮があること，他教科等に比べて軽んじられていること，読み物の登場人物の心情理解のみに偏った形式的な指導が行われる例があることなど，これまで多くの課題が指摘されてきた。

また，いじめの問題に起因して，子供の心身の発達に重大な支障が生じる事案や，尊い命が絶たれるといった痛ましい事案まで生じており，いじめを早い段階で発見し，その芽を摘み取り，全ての子供を救うことが喫緊の課題となっている。

このような現状の下，内閣に設置された教育再生実行会議は，平成 25 年２月の第一次提言において，いじめの問題等への対応をまとめた。その中では，いじめの問題が深刻な状況にある今こそ，制度の改革だけでなく，本質的な問題解決に向かって歩み出すことが必要であり，心と体の調和の取れた人間の育成の観点から，道徳教育の重要性を改めて認識し，その抜本的な充実を図るとともに，新たな枠組みによって教科化することが提言された。

本提言等を踏まえ，文部科学省においては「道徳教育の充実に関する懇談会」を設置し，道徳教育の充実方策について専門的に検討を行った。本懇談会では，道徳教育は，国や民族，時代を越えて，人が生きる上で必要なルールやマナー，社会規範などを身に付け，人としてよりよく生きることを根本で支えるとともに，国家・社会の安定的で持続可能な発展の基盤となるものであり，道徳教育の充実は，我が国の道徳教育の現状，家庭や社会の状況等を踏まえれば，いじめの問題の解決だけでなく，我が国の教育全体にとっての重要な課題であるとの認識の下，これまでの成果や課題を検証しつつ，道徳の特質を踏まえた新たな枠組みによる教科化の具体的な在り方などについて，幅広く検討を行い，平成 25 年 12 月「今後の道徳教育の改善・充実方策について（報告）～新しい時代を，人としてより良く生きる力を育てるために～」を取りまとめた。

また，平成 26 年２月，中央教育審議会に「道徳に係る教育課程の改善等について」が諮問され，道徳教育専門部会において道徳の時間の新たな枠組みによる教科化の在り方等について検討が行われた。平成 26 年 10 月 21 日の答申では，道徳教育の要である道徳の時間については，「特別の教科道徳（仮称）」として制度上位置付け，充実を図ること，また，道徳教育の抜本的な改善に向け，学習指導要領に定める道徳教育の目標，内容の明確化及び体系化を図ることや，指導方法の工夫，児童の成長の様子を把握する評価の在り方，検定教科書の導入，教師の指導力向上方策，学校と家庭や地域との連携強化の在り方など道徳教育の改善・充実に向けて必要な事項が示された。

付録５

この答申を踏まえ，平成 27 年３月 27 日に学校教育法施行規則を改正するとともに，小学校学習指導要領，中学校学習指導要領及び特別支援学校小学部・中学部学習指導要領の一部改正の告示を公示した。今回の改正は，いじめの問題への対応の充実や発達の段階をより一層踏まえた体系的なものとする観点からの内容の改善，問題解決的な学習を取り入れるなどの指導方法の工夫を図ることなどを示したものである。このことにより，「特定の価値観を押し付けたり，主体性をもたず言われるままに行動するよう指導したりすることは，道徳教育が目指す方向の対極にあるものと言わなければならない」，「多様な価値観の，時に対立がある場合を含めて，誠実にそれらの価値に向き合い，道徳としての問題を考え続ける姿勢こそ道徳教育で養うべき基本的資質である」との中央教育審議会の答申を踏まえ，発達の段階に応じ，答えが一つではない道徳的な課題を一人一人の児童が自分自身の問題と捉え向き合う「考える道徳」，「議論する道徳」へと転換を図るものである。

改正小学校学習指導要領は，平成 27 年４月１日から移行措置として，その一部又は全部を実施することが可能となっており，平成 30 年４月１日から全面実施することとしている。

(2) 一部改正の基本方針

この一部改正は，平成 26 年 10 月の中央教育審議会の答申を踏まえ，次のような方針の下で行った。

これまでの「道徳の時間」を要として学校の教育活動全体を通じて行うという道徳教育の基本的な考え方を，適切なものとして今後も引き継ぐとともに，道徳の時間を「特別の教科である道徳」（以下「道徳科」という。）として新たに位置付けた。

また，それに伴い，目標を明確で理解しやすいものにするとともに，道徳教育も道徳科も，その目標は，最終的には「道徳性」を養うことであることを前提としつつ，各々の役割と関連性を明確にした分かりやすい規定とした。

なお，道徳科においては，内容をより発達の段階を踏まえた体系的なものとするとともに，指導方法を多様で効果的なものとするため，指導方法の工夫等について具体的に示すなど，その改善を図っている。

(3) 一部改正の要点

① 学校教育法施行規則改正の要点

学校教育法施行規則の小学校の教育課程について，「道徳の時間」を「特別の教科である道徳」としたため，学校の教育活動全体を通じて行う道徳教育を「特別の教科である道徳」を要として学校の教育活動全体を通じて行うものと改めた。

② 総則改正の要点

ア 教育課程編成の一般方針

「特別の教科である道徳」を「道徳科」と言い換える旨を示すとともに，道徳教育の目標について，「自己の生き方を考え，主体的な判断の下に行動し，自立した人間として他者と共によりよく生きるための基盤となる道徳性を養うこと」と簡潔に示した。また，道徳教育を進めるに当たっての配慮事項として，道徳教育の目標を達成するための諸条件を示しながら「主体性のある日本人の育成に資することとなるよう特に留意しなければならない」こととした。

イ 内容等の取扱いに関する共通事項

道徳科を要として学校の教育活動全体を通じて行う道徳教育の内容は，「第３章特別の教科道徳」の第２に示す内容であることを明記した。

ウ 指導計画の作成等に当たって配慮すべき事項

学校における道徳教育は，道徳科を要として教育活動全体を通じて行うものであることから，その配慮事項を以下のように付け加えた。

(ｱ) 道徳教育は，道徳科を要として学校の教育活動全体で行うことから，全体計画を作成して全教師が協力して道徳教育を行うこと。また，各教科等で道徳教育の指導の内容及び時期を示すこと。

(ｲ) 各学校において指導の重点化を図るために，児童の発達の段階や特性等を踏まえて小学校における留意事項を示したこと。

(ｳ) 集団宿泊活動やボランティア活動，自然体験活動，地域の行事への参加などの豊かな体験の充実とともに，道徳教育がいじめの防止や安全の確保等に資するよう留意することを示したこと。

(ｴ) 学校の道徳教育の全体計画や道徳教育に関する諸活動などの情報を積極的に公表すること，家庭や地域社会との共通理解を深め，相互の連携を図ることを示したこと。

# 第3章　教育課程の編成及び実施

## 第1節　小学校教育の基本と教育課程の役割

### 2　生きる力を育む各学校の特色ある教育活動の展開（第1章第1の2）

(2) 豊かな心（第1章第1の2の (2)）
①　豊かな心や創造性の涵養（第1章第1の2の (2) の1段目）

> (2) 道徳教育や体験活動，多様な表現や鑑賞の活動等を通して，豊かな心や創造性の涵養を目指した教育の充実に努めること。

教育基本法第2条第1号は，教育の目的として「豊かな情操と道徳心を培う」ことを規定しており，本項では，道徳教育や体験活動，多様な表現や鑑賞の活動等を通して，豊かな心や創造性の涵養を目指した教育の充実に努めることを示している。創造性とは，感性を豊かに働かせながら，思いや考えを基に構想し，新しい意味や価値を創造していく資質・能力であり，豊かな心の涵養と密接に関わるものであることから，本項において一体的に示している。

豊かな心や創造性の涵養は，第1章総則第3の1に示すとおり，単元や題材など内容や時間のまとまりを見通した，主体的・対話的で深い学びの実現に向けた授業改善を通して実現が図られるものであり，そうした学習の過程の在り方については，本解説第3章第3節の1において解説している。

本項で示す教育活動のうち，道徳教育については次項②から④までの解説のとおりであり，体験活動については第1章総則第3の1(5) において示している。多様な表現や鑑賞の活動等については，音楽や図画工作における表現及び鑑賞の活動や，体育における表現運動，特別活動における文化的行事，文化系のクラブ活動等の充実を図るほか，各教科等における言語活動の充実（第1章総則第3の1(2)）を図ることや，教育課程外の学校教育活動などと相互に関連させ，学校教育活動全体として効果的に取り組むことも重要となる。

②　道徳教育の展開と道徳科（第1章第1の2の (2) の2段目）

> 学校における道徳教育は，特別の教科である道徳（以下「道徳科」という。）を要として学校の教育活動全体を通じて行うものであり，道徳科はもとより，各教科，外国語活動，総合的な学習の時間及び特別活動のそれぞれの特質に応じて，児童の発達の段階を考慮して，適切な指導を行うこと。

道徳教育は人格形成の根幹に関わるものであり，同時に，民主的な国家・社会の持続的発展を根底で支えるものでもあることに鑑みると，児童の生活全体に関わるものであり，学校で行われる全ての教育活動に関わるものである。

各教科，外国語活動，総合的な学習の時間及び特別活動にはそれぞれ固有の目標や特質があり，それらを重視しつつ教育活動が行われるが，それと同時にその全てが教育基本法第1条に規定する「人格の完成を目指し，平和で民主的な国家及び社会の形成者として必要な資質を備えた心身ともに健康な国民の育成」を目的としている。したがって，それぞれの教育活動においても，その特質を生かし，児童の学年が進むにつれて全体として把握できる発達の段階や個々人の特性等の両方を適切に考慮しつつ，人格形成の根幹であると同時に，民主的な国家・社会の持続的発展を根底で支える道徳教育の役割をも担うことになる。

中でも，特別の教科として位置付けられた道徳科は，道徳性を養うことを目指すものとして，その中核的な役割を果たす。道徳科の指導において，各教科等で行われる道徳教育を補ったり，それを深めたり，相互の関連を考えて発展させ，統合させたりすることで，学校における道徳教育は一層充実する。こうした考え方に立って，道徳教育は道徳科を要として学校の教育活動全体を通じて行うものと規定している。

③　道徳教育の目標（第１章第１の２の (2) の３段目）

> 道徳教育は，教育基本法及び学校教育法に定められた教育の根本精神に基づき，自己の生き方を考え，主体的な判断の下に行動し，自立した人間として他者と共によりよく生きるための基盤となる道徳性を養うことを目標とすること。

学校における道徳教育は，児童がよりよく生きるための基盤となる道徳性を養うことを目標としており，児童一人一人が将来に対する夢や希望，自らの人生や未来を拓いていく力を育む源となるものでなければならない。

ア　教育基本法及び学校教育法の根本精神に基づく

道徳教育は，まず，教育基本法及び学校教育法に定められた教育の根本精神に基づいて行われるものである。

教育基本法においては，我が国の教育は「人格の完成を目指し，平和で民主的な国家及び社会の形成者として必要な資質を備えた心身ともに健康な国民の育成を期して行」うことを目的としていることが示されている（第１条）。そして，その目的を実現するための目標として，「真理を求める態度を養う」ことや「豊かな情操と道徳心を培う」ことなどが挙げられている（第２条）。また，義務教育の目的として「各個人の有する能力を伸ばしつつ社会において自立的に生きる基礎を培い，また，国家及び社会の形成者として必要とされる基本的な資質を養うことを目的」とすることが規定されている（第５条第２項）。

学校教育法においては，義務教育の目標として，「自主，自律及び協同の精神，規範意識，公正な判断力並びに公共の精神に基づき主体的に社会の形成に参画し，その発展に寄与する態度を養うこと」（第21条第１号），「生命及び自然を尊重する精神並びに環境の保全に寄与する態度を養うこと」（同条第２号），「伝統と文化を尊重し，それらをはぐくんできた我が国と郷土を愛する態度を養うとともに，進んで外国の文化の理解を通じて，他国を尊重し，国際社会の平和と発展に寄与する態度を養うこと」（同条第３号）などが示されている。学校で行う道徳教育は，これら教育の根本精神に基づいて行われるものである。

イ　自己の生き方を考える

人格の基盤を形成する小学校の段階においては，児童自らが自己を見つめ，「自己の生き方」を考えることができるようにすることが大切である。「自己の生き方」を考えるとは，児童一人一人が，よりよくなろうとする自己を肯定的に受け止めるとともに，他者との関わりや身近な集団の中での自分の特徴などを知り，伸ばしたい自己について深く見つめることである。またそれは，社会の中でいかに生きていけばよいのか，国家及び社会の形成者としてどうあればよいのかを考えることにもつながる。

ウ　主体的な判断の下に行動する

児童が日常の様々な道徳的な問題や自己の生き方についての課題に直面したときに，自らの「主体的な判断の下に行動」することが重要である。

「主体的な判断の下に行動」するとは，児童が自立的な生き方や社会の形成者としての在り方について自ら考えたことに基づいて，人間としてよりよく生きるための行為を自分の意志や判断に基づいて選択し行うことである。またそれは，児童が日常生活での問題や自己の生き方に関する課題に正面から向き合い，考え方の対立がある場合にも，自らの力で考え，よりよいと判断したり適切だと考えたりした行為の実践に向けて具体的な行動を起こすことである。

エ　自立した人間として他者と共によりよく生きる

「自立した人間」としての主体的な自己は，同時に「他者と共に」よりよい社会の実現を目指そうとする社会的な存在としての自己を志向する。

このように，人は誰もがよりよい自分を求めて自己の確立を目指すとともに，一人一人が他者と共に心を通じ合わせて生きようとしている。したがって，他者との関係を主体的かつ適切にもつことができるようにすることが求められる。

オ　そのための基盤となる道徳性を養う

こうした思考や判断，行動などを通してよりよく生きるための営みを支える基盤となるのが道徳性であり，道徳教育はこの道徳性を養うことを目標とする。道徳性は，人間としての本来的な在り方やよりよい生き方を目指して行われる道徳的行為を可能にする人格的特性であり，人格の基盤をなすものである。それはまた，人間らしいよさであり，道徳的価値が一人一人の内面において統合されたものと言える。

学校教育においては，特に道徳的判断力，道徳的心情，道徳的実践を主体的に行う意欲と態度の育成を重視する必要があると考えられる。このことは第３章の道徳科の目標としても示されている。

④　道徳教育を進めるに当たっての留意事項（第１章第１の２の（2）の４段目）

> 道徳教育を進めるに当たっては，人間尊重の精神と生命に対する畏敬の念を家庭，学校，その他社会における具体的な生活の中に生かし，豊かな心をもち，伝統と文化を尊重し，それらを育んできた我が国と郷土を愛し，個性豊かな文化の創造を図るとともに，平和で民主的な国家及び社会の形成者として，公共の精神を尊び，社会及び国家の発展に努め，他国を尊重し，国際社会の平和と発展や環境の保全に貢献し未来を拓く主体性のある日本人の育成に資することとなるよう特に留意すること。

第１章総則第１の２(2)の４段目において，道徳教育の目標に続けて，それを進めるに当たって留意すべき事項について次のように示している。

ア　人間尊重の精神と生命に対する畏敬の念を家庭，学校，その他社会における具体的な生活の中に生かす

人間尊重の精神は，生命の尊重，人格の尊重，基本的人権，思いやりの心などの根底を貫く精神である。日本国憲法に述べられている「基本的人権」や，教育基本法に述べられている「人格の完成」，さらには，国際連合教育科学文化機関憲章（ユネスコ憲章）にいう「人間の尊厳」の精神も根本において共通するものである。民主的な社会においては，人格の尊重は，自己の人格のみではなく，他の人々の人格をも尊重することであり，また，権利の尊重は，自他の権利の主張を認めるとともに，権利の尊重を自己に課するという意味で，互いに義務と責任を果たすことを求めるものである。具体的な人間関係の中で道徳性を養い，それによって人格形成を図るという趣旨に基づいて，「人間尊重の精神」という言葉を使っている。

生命に対する畏敬の念は，生命のかけがえのなさに気付き，生命あるものを慈しみ，畏れ，敬い，尊ぶことを意味する。このことにより人間は，生命の尊さや生きることのすばらしさの自覚を深めることができる。生命に対する畏敬の念に根ざした人間尊重の精神を培うことによって，人間の生命があらゆる生命との関係や調和の中で存在し生かされていることを自覚できる。さらに，生命あるもの全てに対する感謝の心や思いやりの心を育み，より深く自己を見つめながら，人間としての在り方や生き方の自覚を深めていくことができる。これは，自殺やいじめに関わる問題や環境問題などを考える上でも，常に根本において重視すべき事柄である。

道徳教育は，この人間尊重の精神と生命に対する畏敬の念を児童自ら培い，それらを家庭での日常生活，学校での学習や生活及び地域社会での遊び，活動，行事への参画などの具体的な機会において生かすことができるようにしなければならない。

イ　豊かな心をもつ

豊かな心とは，例えば，困っている人には優しく声を掛ける，ボランティア活動など人の役に立つことを進んで行う，喜びや感動を伴って植物や動物を育てる，自分の成長を感じ生きていることを素直に喜ぶ，美しいものを美しいと感じることができる，他者との共生や異なるものへの寛容さをもつなどの感性及びそれらを大切にする心である。道徳教育は，児童一人一人が日常生活においてこのような心を育み，そのことを通して生きていく上で必要な道徳的価値を理解し，自己を見つめることで，固有の人格を形成していくことができるようにしなければならない。

ウ　伝統と文化を尊重し，それらを育んできた我が国と郷土を愛し，個性豊かな文化の創造を図る

個性豊かな文化の継承・発展・創造のためには，先人の残した有形，無形の文化的遺産の中に優れたものを見いだし，それを生み出した精神に学び，それを継承し発展させることも必要である。また，国際社会の中で主体性をもって生きていくには，国際感覚をもち，国際的視野に立ちながらも，自らの国や地域の伝統や文化についての理解を深め，尊重する態度を身に付けることが重要である。

したがって，我が国や郷土の伝統と文化に対する関心や理解を深め，それを尊重し，継承，発展させる態度を育成するとともに，それらを育んできた我が国と郷土への親しみや愛着の情を深め，世界と日本との関わりについて考え，日本人としての自覚をもって，文化の継承・発展・創造と社会の発展に貢献し得る能力や態度が養われなければならない。

エ　平和で民主的な国家及び社会の形成者として，公共の精神を尊び，社会及び国家の発展に努める

人間は個としての尊厳を有するとともに，平和で民主的な国家及び社会を形成する一人としての社会的存在でもある。私たちは，身近な集団のみならず，社会や国家の一員としての様々な帰属意識をもっている。一人一人がそれぞれの個をその集団の中で生かし，よりよい集団や社会を形成していくためには，個としての尊厳とともに社会全体の利益を実現しようとする公共の精神が必要である。

また，平和で民主的な社会は，国民主権，基本的人権，自由，平等などの民主主義の理念の実現によって達成される。これらが，法によって規定され，維持されるだけならば，一人一人の日常生活の中で真

に主体的なものとして確立されたことにはならない。それらは，一人一人の自覚によって初めて達成される。日常生活の中で社会連帯の自覚に基づき，あらゆる時と場所において他者と協同する場を実現していくことは，社会及び国家の発展に努めることでもある。

したがって，道徳教育においては，単に法律的な規則やきまりそのものを取り上げるだけでなく，それらの意義を自己の生き方との関わりで捉えるとともに，必要に応じてそれをよりよいものに発展させていくという視点にも留意して取り扱う必要がある。

オ　他国を尊重し，国際社会の平和と発展や環境の保全に貢献する

民主的で文化的な国家を更に発展させるとともに，世界の平和と人類の福祉の向上に貢献することは，教育基本法の前文において掲げられている理念である。

平和は，人間の心の内に確立すべき課題でもあるが，日常生活の中で社会連帯の自覚に基づき，他者と協同する場を実現していく努力こそ，平和で民主的な国家及び社会を実現する根本である。また，環境問題が深刻な問題となる中で，持続可能な社会の実現に努めることが重要な課題となっている。そのためにも，生命や自然に対する感受性や，身近な環境から地球規模の環境へとつなげる豊かな想像力，それを大切に守ろうとする態度が養われなければならない。

このような努力や心構えを，広く国家間ないし国際社会に及ぼしていくことが他国を尊重することにつながり，国際社会に平和をもたらし環境の保全に貢献することになる。

カ　未来を拓く主体性のある日本人を育成する

未来を拓く主体性のある人間とは，常に前向きな姿勢で未来に夢や希望をもち，自主的に考え，自律的に判断し，決断したことは積極的かつ誠実に実行し，その結果について責任をもつことができる人間である。道徳教育は，このような視点に立ち，児童が自らの人生や新しい社会を切り拓（ひら）く力を身に付けられるようにしていかなければならない。

このことは，人間としての在り方の根本に関わるものであるが，ここで特に日本人と示しているのは，歴史的，文化的に育まれてきた日本人としての自覚をもって文化の継承，発展，創造を図り，民主的な社会の発展に貢献するとともに，国際的視野に立って世界の平和と人類の幸福に寄与し，世界の人々から信頼される人間の育成を目指しているからである。

# 第2節　教育課程の編成

## 3　教育課程の編成における共通的事項

付録5

(1) 内容の取扱い

④　道徳教育の内容（第1章第2の3の (1) のカ）

> カ　道徳科を要として学校の教育活動全体を通じて行う道徳教育の内容は，第3章特別の教科道徳の第2に示す内容とし，その実施に当たっては，第6に示す道徳教育に関する配慮事項を踏まえるものとする。

ア　内容の位置付け

道徳教育の内容は，「第3章特別の教科道徳」の「第2 内容」に示すとおりである。これらの内容項目は，児童の発達の段階や児童を取り巻く状況等を考慮して，小学校の6年間に児童が自己の生き方を考え，よりよく「生きる力」を育む上で重要と考えられる道徳的価値を含む内容を平易に表現したものである。

これらの内容項目は，教師と児童が人間としてのよりよい生き方を求め，共に考え，共に語り合い，その実行に努めるための共通の課題である。また，学校の教育活動全体の中で，様々な場や機会を捉え，多様な方法によって進められる学習を通して，児童自らが調和的な道徳性を養うためのものでもある。

学校における道徳教育は，道徳科を要として全教育活動において，児童一人一人の道徳性を養うものである。したがって，これらの内容項目は，児童自らが成長を実感でき，これからの課題や目標を見付けられるような工夫の下に，道徳科はもとより，各教科，外国語活動，総合的な学習の時間及び特別活動で行われる道徳教育において，それぞれの特質に応じて適切に指導されなければならない。

なお，それぞれの内容項目は指導に当たり取り扱う内容であって，目標とする姿を表すものではない。したがって，児童に対して一方的に内容項目を教え込むような指導は適切ではない。指導に当たっては，

内容項目に含まれる道徳的価値について一般的な意味を理解させるだけではなく，発達の段階を踏まえつつ，その意義などについて自己との関わりや社会的な背景なども含め多面的・多角的な視点から考えさせることにより，児童の道徳的な判断力や心情，主体的に道徳的な実践を行う意欲と態度を育むよう努める必要がある。

このことを通じ，児童が自らの生活の中で出会う様々な場面において，人間としてよりよく生きようとする立場から，主体的な判断に基づき適切な実践を行うことができるようになることが重要である。したがって，各内容項目について児童の実態を基に把握し直し，指導上の課題を児童の視点に立って具体的に捉えるなど，児童自身が道徳的価値の自覚を深め発展させていくことができるよう，実態に基づく課題に即した指導をしていくことが大切である。

イ　内容項目の重点的な取扱い

道徳科を要として学校の教育活動全体を通じて行う道徳教育を，全教職員が共通理解して一体となって推進するためには，学校として育てようとする児童の姿を明らかにしなければならない。その上で，校長の方針に基づいて，学校の道徳教育の目標を設定して指導することが大切である。

その際，学校の道徳教育の目標に基づいて指導すべき内容を検討することになるが，道徳科においても，その目標を踏まえ，重点的に指導する内容項目を設定し，計画的，発展的に指導できるようにすることが必要である。また，各教科等においても，それぞれの特質に応じて，関連する道徳的価値に関する内容項目や学校としての重点的に指導する内容項目を考慮し，意図的，計画的に取り上げるようにすることが求められる。そのようにして，学校の教育活動全体を通じ，学校としての道徳教育で重点的に取り扱う内容やその生かし方の特色が明確になった指導を行うよう心掛けることが大切である。

なお，内容項目の取扱いについては，「第３章特別の教科道徳」の「第２内容」において詳しく示している。

# 第６節　道徳教育推進上の配慮事項

## 1　道徳教育の指導体制と全体計画

(1) 道徳教育の指導体制（第１章第６の１の前段）

> 1　各学校においては，第１の２の (2) に示す道徳教育の目標を踏まえ，道徳教育の全体計画を作成し，校長の方針の下に，道徳教育の推進を主に担当する教師（以下「道徳教育推進教師」という。）を中心に，全教師が協力して道徳教育を展開すること。



ア　校長の方針の明確化

道徳教育は，第１章総則第１の２(2) に示すように，学校の教育活動全体で行うものであり，学校の教育課程の管理者である校長は，その指導力を発揮し，学校の道徳教育の基本的な方針を全教師に明確に示すことが必要である。校長は道徳教育の充実･改善を視野におきながら，関係法規や社会的な要請，学校や地域社会の実情，児童の道徳性に関わる実態，家庭や地域社会の期待などを踏まえ，学校の教育目標との関わりで，道徳教育の基本的な方針等を明示しなければならない。

校長が道徳教育の方針を明示することにより，全教師が道徳教育の重要性についての認識を深めるとともに，学校の道徳教育の重点や推進すべき方向について共通に理解し，具体的な指導を行うことができる。また，校長の方針は，全教師が協力して学校の道徳教育の諸計画を作成し，展開し，その不断の改善，充実を図っていく上でのよりどころになるものである。

イ　道徳教育推進教師を中心とした全教師による協力体制の整備

(ｱ) 道徳教育推進教師の役割

道徳教育推進教師には，学校の教育活動全体を通じて行う道徳教育を推進する上での中心となり，全教師の参画，分担，協力の下に，その充実が図られるよう働きかけていくことが望まれる。機能的な協力体制を整えるためには，道徳教育推進教師の役割を明確にしておく必要があり，その役割としては，以下に示すような事柄が考えられる。

・　道徳教育の指導計画の作成に関すること

・　全教育活動における道徳教育の推進，充実に関すること
・　道徳科の充実と指導体制に関すること
・　道徳用教材の整備・充実・活用に関すること
・　道徳教育の情報提供や情報交換に関すること
・　道徳科の授業公開など家庭や地域社会との連携に関すること
・　道徳教育の研修の充実に関すること
・　道徳教育における評価に関すること　など

各教師がそれぞれの役割を自覚しその役割を進んで果たす上でも，機能的な協力体制を整えることは重要である。

なお，道徳教育推進教師については，その職務の内容に鑑み，校長が適切に任ずるとともに，学校の実態に応じて人数等に工夫を加えるなどの創意工夫した対応が求められる。さらに，道徳教育推進教師の研修や近隣の学校の道徳教育推進教師との連携等も積極的に進め，道徳教育の充実に努めることが大切である。

(ｲ) 協力体制の充実

学校が組織体として一体となって道徳教育を進めるためには，校長の明確な方針と道徳教育推進教師等の役割の明確化とともに，全教師が指導力を発揮し，協力して道徳教育を展開できる体制を整える必要がある。例えば，学校全体の道徳教育を推進するための組織や家庭や地域社会との連携等の推進上の課題にあわせた組織を設けたり，各学年段階や校務分掌ごとに推進するための体制を整えたりするなど，学校の実情に応じて全教師が積極的に関わることができる機能的な協力体制を構築することが大切である。

### (2) 道徳教育の全体計画（第１章第６の１の後段）

> なお，道徳教育の全体計画の作成に当たっては，児童や学校，地域の実態を考慮して，学校の道徳教育の重点目標を設定するとともに，道徳科の指導方針，第３章特別の教科道徳の第２に示す内容との関連を踏まえた各教科，外国語活動，総合的な学習の時間及び特別活動における指導の内容及び時期並びに家庭や地域社会との連携の方法を示すこと。

ア　全体計画の意義

道徳教育の全体計画は，学校における道徳教育の基本的な方針を示すとともに，学校の教育活動全体を通して，道徳教育の目標を達成するための方策を総合的に示した教育計画である。

学校における道徳教育の中軸となるのは，学校の設定する道徳教育の基本方針である。全体計画は，その基本方針を具現化し，学校としての道徳教育の目標を達成するために，どのようなことを重点的に推進するのか，各教育活動はどのような役割を分担し関連を図るのか，家庭や地域社会との連携をどう進めていくのかなどについて総合的に示すものでなければならない。

このような全体計画は，特に次の諸点において重要な意義をもつ。

(ｱ) 人格の形成及び国家，社会の形成者として必要な資質の育成を図る場として学校の特色や実態及び課題に即した道徳教育が展開できる

各学校においては，様々な教育の営みが人格の形成や国家，社会の形成者として必要な資質の育成につながっていることを意識し，特色があり，課題を押さえた道徳教育の充実を図ることができる。

(ｲ) 学校における道徳教育の重点目標を明確にして推進することができる

学校としての重点目標を明確にし，それを全教師が共有することにより，学校の教育活動全体で行う道徳教育に方向性をもたせることができる。

(ｳ) 道徳教育の要としての道徳科の位置付けや役割が明確になる

道徳科で進めるべきことを押さえるとともに，教育活動相互の関連を図ることができる。また，全体計画は，道徳科の年間指導計画を作成するよりどころにもなる。

(ｴ) 全教師による一貫性のある道徳教育が組織的に展開できる

全教師が全体計画の作成に参加し，その活用を図ることを通して，道徳教育の方針やそれぞれの役割についての理解が深まり，組織的で一貫した道徳教育の展開が可能となる。

(ｵ) 家庭や地域社会との連携を深め，保護者や地域の人々の積極的な参加や協力を可能にする

全体計画を公表し，家庭や地域社会の理解を得ることにより，家庭や地域社会と連携し，その協力を得ながら道徳教育の充実を図ることができる。

イ　全体計画の内容

全体計画は，各学校において，校長の明確な方針の下に，道徳教育推進教師が中心となって，全教師の参加と協力により創意と英知を結集して作成されるものである。作成に当たっては，上記の意義を踏まえて次の事項を含めることが望まれる。

(ｱ) 基本的把握事項

計画作成に当たって把握すべき事項として，次の内容が挙げられる。

・　教育関係法規の規定，時代や社会の要請や課題，教育行政の重点施策
・　学校や地域社会の実態と課題，教職員や保護者の願い
・　児童の実態と課題

(ｲ) 具体的計画事項

基本的把握事項を踏まえ，各学校が全体計画に示すことが望まれる事項として，次の諸点を挙げることができる。

・　学校の教育目標，道徳教育の重点目標，各学年の重点目標
・　道徳科の指導の方針
・　年間指導計画を作成する際の観点や重点目標に関わる内容の指導の工夫，校長や教頭等の参加，他の教師との協力的な指導
・　各教科，外国語活動，総合的な学習の時間及び特別活動などにおける道徳教育の指導の方針，内容及び時期

重点内容項目との関連や各教科等の指導計画を作成する際の道徳教育の観点を記述する。また，各教科等の方針に基づいて進める道徳性の育成に関わる指導の内容及び時期を整理して示す。

・　特色ある教育活動や豊かな体験活動における指導の方針，内容及び時期

学校や地域社会の特色を生かした取組や集団宿泊活動，ボランティア活動，自然体験活動などの体験活動や実践活動における道徳性を養うための方針を示す。また，その内容及び時期等を整理して示すことも考えられる。

・　学級，学校の人間関係，環境の整備や生活全般における指導の方針

日常的な学級経営を充実させるための具体的な計画等を記述する。

・　家庭，地域社会，他の学校や関係機関との連携の方法

協力体制や道徳科の授業公開，広報活動，保護者や地域の人々の参加や協力の内容及び時期，具体的な計画等を記述する。

・　道徳教育の推進体制

道徳教育推進教師の位置付けも含めた全教師による推進体制を示す。

・　その他

例えば，次年度の計画に生かすための評価の記入欄，研修計画や重点的指導に関する添付資料等を記述する。

なお，全体計画を一覧表にして示す場合は，必要な各事項について文章化したり具体化したりしたものを加えるなどの工夫が望まれる。例えば，各教科等における道徳教育に関わる指導の内容及び時期を整理したもの，道徳教育に関わる体験活動や実践活動の時期等が一覧できるもの，道徳教育の推進体制や家庭や地域社会等との連携のための活動等が分かるものを別葉にして加えるなどして，年間を通して具体的に活用しやすいものとすることが考えられる。

また，作成した全体計画は，家庭や地域の人々の積極的な理解と協力を得るとともに，様々な意見を聞き一層の改善に役立てるために，その趣旨や概要等を学校通信に掲載したり，ホームページで紹介したりするなど，積極的に公開していくことが求められる。

ウ　全体計画作成上の創意工夫と留意点

全体計画の作成に当たっては，理念だけに終わることなく，具体的な指導に生きて働くものになるよう，体制を整え，全教師で創意工夫を生かして，特に次のことに留意しながら作業を進めることが大切である。

(ｱ) 校長の明確な方針の下に道徳教育推進教師を中心として全教師の協力・指導体制を整える

学校における道徳教育は，人格の基盤となる道徳性を養うものであり，学校の教育活動全体で指導し，家庭や地域社会との連携の下に進めねばならないことから，特に校長が指導力を発揮し，道徳教育推進教師が中心となって全教師が全体計画の作成に積極的に参画するよう体制を整える必要がある。

(ｲ) 道徳教育や道徳科の特質を理解し，教師の意識の高揚を図る

全教師が，道徳教育及び道徳科の重要性や特質について理解を深められるよう，関係する教育法規や教育課程の仕組み，時代や社会の要請，児童の実態，保護者や地域の人々の意見等について十分研修を行い，教師自身の日常的な指導の中での課題が明確になるようにする。そのことを通して，全体計画の作成に関わる教師の意識の高揚を図ることができ，その積極的な活用につなげることができる。

(ｳ) 各学校の特色を生かして重点的な道徳教育が展開できるようにする

全体計画の作成に当たっては，学校や地域社会の実態を踏まえ，各学校の課題を明らかにし，道徳教育の重点目標や各学年の指導の重点を明確にするなど，各学校の特色が生かされるよう創意工夫することが大切である。

第１章総則第６の２には，今日的課題と学年段階ごとの発達上の課題を踏まえて重点的な指導を行う観点が示されている。各学校においては，それぞれの実態に応じて，学年段階ごとに第３章の第２の内容に示す内容項目の指導を通して，全体としてこれらの観点の指導が充実するよう工夫する必要がある。

また，道徳科の年間指導計画の作成に当たっても，全体計画に示した重点的な指導が反映されるよう配慮することが求められる。

(ｴ) 学校の教育活動全体を通じた道徳教育の相互の関連性を明確にする

各教科，外国語活動，総合的な学習の時間及び特別活動における道徳教育を，道徳科の内容との関連で捉え，道徳科が要としての役割を果たせるよう計画を工夫することが重要である。

また，学校教育全体において，豊かな体験活動がなされるよう計画するとともに，体験活動を生かした道徳科が効果的に展開されるよう道徳科の年間指導計画等においても創意工夫することが大切である。

(ｵ) 家庭や地域社会，学校間交流，関係諸機関等との連携に努める

全体計画を具体化するには，保護者，地域の人々の協力が不可欠である。

また，近接の幼稚園や保育所，小・中・高等学校，特別支援学校などとの連携や交流を図り，共通の関心の下に指導を行うとともに，福祉施設，企業等との連携や交流を深めることも大切であり，それらが円滑に行われるような体制等を工夫することが求められる。

(ｶ) 計画の実施及び評価・改善のための体制を確立する

全体計画は，学校における道徳教育の基本を示すものである。したがって，頻繁に変更することは適切ではないが，評価し，改善の必要があれば直ちにそれに着手できる体制を整えておくことが大切である。また，全教師による一貫性のある道徳教育を推進するためには，校内の研修体制を充実させ，全体計画の具体化や評価，改善に当たって必要となる事項についての理解を深める必要がある。

(3) 各教科等における指導の基本方針

学校における道徳教育は，道徳科を要として学校の教育活動全体を通じて行われる。

各教科等でどのように道徳教育を行うかについては，学校の創意工夫によるところであるが，各教科等は，各教科等の目標に基づいてそれぞれに固有の指導を充実させる過程で，道徳性が養われることを考え，見通しをもって指導することが重要である。

各教科等の指導を通じて児童の道徳性を養うためには，教師の用いる言葉や児童への接し方，授業に臨む姿勢や熱意といった教師の態度や行動による感化とともに，次のような視点が挙げられる。

ア　道徳教育と各教科等の目標，内容及び教材との関わり

各教科等の目標や内容には，児童の道徳性を養うことに関わりの深い事柄が含まれている。各教科等において道徳教育を適切に行うためには，まず，それぞれの特質に応じて道徳の内容に関わる事項を明確にする必要がある。それらに含まれる道徳的価値を意識しながら学校独自の重点内容項目を踏まえて指導することにより，道徳教育の効果も一層高めることができる。

イ　学習活動や学習態度への配慮

各教科等では，それぞれの授業を通して学習態度や学習習慣が育てられていく。その視点から，児童が伸び伸びとかつ真剣に学習に打ち込めるよう留意し，思いやりがあり，自主的かつ協力的な学級の雰囲気や人間関係となるよう配慮することが大切である。話合いの中で自分の考えをしっかりと発表すると同時に友達の意見に耳を傾けること，各自で，あるいは協同して課題に最後まで取り組むことなどは，各教科等の学習効果を高めるとともに，望ましい道徳性を養うことにもなる。

このように，学習活動や学習態度への配慮に関わる指導について道徳的価値を視点に行うことが考えられる。

なお，学校教育の様々な場面において，具体的な道徳的習慣や道徳的行為について指導を行うことがあるが，その際に最終的なねらいとしているのは，指導を通じてそれらの意義を理解し，自らの判断により，進んで適切な実践ができるような道徳性を養うことである。

(4) 各教科等における道徳教育

各教科等における道徳教育については，第２章各教科，第４章外国語活動，第５章総合的な学習の時間及び第６章特別活動における「第３　指導計画の作成と内容の取扱い」に，第３章特別の教科道徳の第２に示す内容についてそれぞれの特質に応じて適切に指導することが示されているが，具体的には，次のような配慮をすることが求められる。

ア　国語科

国語で正確に理解したり適切に表現したりする資質・能力を育成する上で，日常生活における人との関わりの中で伝え合う力を高めることは，学校の教育活動全体で道徳教育を進めていくための基盤となるものである。また，思考力や想像力を養うこと及び言語感覚を豊かにすることは，道徳的心情や道徳的判断力を養う基本になる。さらに，我が国の言語文化に関わり，国語を尊重してその能力の向上を図る態度を養うことは，伝統と文化を尊重し，それらを育んできた我が国と郷土を愛することなどにつながるものである。

教材選定の観点として，第２章第１節国語の第３の３(2)に，道徳性の育成に資する項目を国語科の特質に応じて示している。

イ　社会科

地域や我が国の歴史や伝統と文化を通して社会生活について理解することや，多角的な思考や理解を通して，地域社会に対する誇りと愛情，我が国の国土と歴史に対する愛情を涵養することは，伝統と文化を尊重し，それらを育んできた我が国と郷土を愛することなどにつながるものである。また，国際社会に生きる平和で民主的な国家及び社会の形成者としての自覚をもち，自他の人格を尊重し，社会的義務や責任を重んじ，公正に判断しようとする態度や能力などの公民としての資質・能力の基礎を養うことは，主として集団や社会との関わりに関する内容などと密接に関係するものである。

ウ　算数科

算数科の目標にある「日常の事象を数理的に捉え見通しをもち筋道を立てて考察する力」を育てることは，道徳的な判断力の育成にも資するものである。また，「算数で学んだことを生活や学習に活用しようとする態度」を育てることは，工夫して生活や学習をしようとする態度を育てることにも資するものである。

エ　理科

栽培や飼育などの体験活動を通して自然を愛する心情を育てることは，生命を尊重し，自然環境の保全に寄与する態度の育成につながるものである。また，見通しをもって観察，実験を行うことや，問題解決の力を育てることは，道徳的判断力や真理を大切にしようとする態度の育成にも資するものである。

付録５

オ　生活科

自分自身，身近な人々，社会及び自然と直接関わる活動や体験を通して，自然に親しみ，生命を大切にするなど自然との関わりに関心をもつこと，自分のよさや可能性に気付くなど自分自身について考えさせること，生活上のきまり，言葉遣い，振る舞いなど生活上必要な習慣を身に付け，自立し生活を豊かにしていくための資質・能力を育成することなど，いずれも道徳教育と密接な関わりをもつものである。

カ　音楽科

音楽科の「第１　目標」(3)に，「音楽活動の楽しさを体験することを通して，音楽を愛好する心情と音楽に対する感性を育むとともに，音楽に親しむ態度を養い，豊かな情操を培う。」と示している。音楽を愛好する心情や音楽に対する感性は，美しいものや崇高なものを尊重する心につながるものであり，また，音楽科の学習指導を通して培われる豊かな情操は，道徳性の基盤を養うものである。

音楽科で取り扱う共通教材は，我が国の伝統や文化，自然や四季の美しさや，夢や希望をもって生きることの大切さなどを含んでおり，道徳的心情の育成に資するものである。

キ　図画工作科

図画工作科においては，目標の「学びに向かう力，人間性等」において「つくりだす喜びを味わうとともに，感性を育み，楽しく豊かな生活を創造しようとする態度を養い，豊かな情操を培う」と示している。

つくりだす喜びを味わうようにすることは，美しいものや崇高なものを尊重する心につながるものである。また，造形的な創造による豊かな情操は，道徳性の基盤を養うものである。

ク　家庭科

日常生活に必要な基礎的な知識や技能を身に付け，生活をよりよくしようと工夫する資質・能力を育てることは，生活習慣の大切さを知り，自分の生活を見直すことにつながるものである。また，家庭生活を大切にする心情を育むことは，家族を敬愛し，楽しい家庭をつくり，家族の役に立つことをしようとすることにつながるものである。

ケ　体育科

自己の課題の解決に向けて運動したり，集団で楽しくゲームを行ったりすることを通して，最後まで粘り強く取り組む，気持ちのよい挨拶をする，仲間と協力する，勝敗を受け入れる，フェアなプレイを大切にする，仲間の考えや取組を理解するなどの態度が養われる。

健康・安全についての理解は，生活習慣の大切さを知り，自己の生活を見直すことにつながるものである。

コ　外国語科

外国語科においては，第１の目標(3)として「外国語の背景にある文化に対する理解を深め，他者に配慮しながら，主体的に外国語を用いてコミュニケーションを図ろうとする態度を養う」と示している。「外国語の背景にある文化に対する理解を深め」ることは，世界の中の日本人としての自覚をもち，国際的視野に立って，世界の平和と人類の幸福に貢献することにつながるものである。また，「他者に配慮」することは，外国語の学習を通して，他者を配慮し受け入れる寛容の精神や平和・国際貢献などの精神を獲得し，多面的思考ができるような人材を育てることにつながる。

サ　外国語活動

外国語活動においては，第１の目標(3)として「外国語を通して，言語やその背景にある文化に対する理解を深め，相手に配慮しながら，主体的に外国語を用いてコミュニケーションを図ろうとする態度を養う」と示している。「外国語を通して，言語やその背景にある文化に対する理解を深め」ることは，世界の中の日本人としての自覚をもち，国際的視野に立って，世界の平和と人類の幸福に貢献することにつながるものである。また，「相手に配慮」することは，外国語の学習を通して，相手に配慮し受け入れる寛容の精神や平和・国際貢献などの精神を獲得し，多面的思考ができるような人材を育てることにつながる。

シ　総合的な学習の時間

総合的な学習の時間においては，目標を「探究的な見方・考え方を働かせ，横断的・総合的な学習を行うことを通して，よりよく課題を解決し，自己の生き方を考えていくための資質・能力を次のとおり育成する」とし，育成を目指す資質・能力の三つの柱を示している。

総合的な学習の時間の内容は，各学校で定めるものであるが，目標を実現するにふさわしい探究課題については，例えば，国際理解，情報，環境，福祉・健康などの現代的な諸課題に対応する横断的・総合的な課題，地域の人々の暮らし，伝統と文化など地域や学校の特色に応じた課題，児童の興味・関心に基づく課題などを踏まえて設定することが考えられる。児童が，横断的・総合的な学習を探究的な見方・考え方を働かせて行うことを通して，このような現代社会の課題などに取り組み，これらの学習が自己の生き方を考えることにつながっていくことになる。

また，探究課題の解決を通して育成を目指す資質・能力については，主体的に判断して学習活動を進めたり，粘り強く考え解決しようとしたり，自己の目標を実現しようとしたり，他者と協調して生活しようとしたりする資質・能力を育てることも重要であり，このような資質・能力の育成は道徳教育につながるものである。

ス　特別活動

特別活動における学級や学校生活における集団活動や体験的な活動は，日常生活における道徳的な実践の指導を行う重要な機会と場であり，道徳教育において果たす役割は大きい。特別活動の目標には，「集団活動に自主的，実践的に取り組み」「互いのよさや可能性を発揮」「集団や自己の生活上の課題を解決」など，道徳教育でもねらいとする内容が含まれている。また，育成を目指す資質・能力には，「多様な他者との協働」「人間関係」「自己の生き方」「自己実現」など，道徳教育がねらいとする内容と共通している面が多く含まれており，道徳教育において果たすべき役割は極めて大きい。

具体的には，例えば，多様な他者の意見を尊重しようとする態度，自己の役割や責任を果たして生活しようとする態度，よりよい人間関係を形成しようとする態度，みんなのために進んで働こうとする態度，自分たちできまりや約束をつくって守ろうとする態度，目標をもって諸問題を解決しようとする態度，自己のよさや可能性を大切にして集団活動を行おうとする態度などは，集団活動を通して身に付けたい道徳性である。

特に，学級活動については，道徳教育の各学年段階における配慮事項を踏まえて，学級活動における各学年段階の指導における配慮事項を示している。また，学級活動の「(1) 学級や学校の生活づくりへの参画」は，学級や学校の生活上の諸課題を見いだし，これを自主的に取り上げ，協力して解決していく自発的，自治的な活動である。このような児童による自発的，自治的な活動によって，望ましい人間関係の形成やよりよい生活づくりに参画する態度などに関わる道徳性を身に付けることができる。学級活動の「(2) 日常の生活や学習への適応と自己の成長及び健康安全」では，基本的な生活習慣の形成やよりよい人間関係の形成，心身ともに健康で安全な生活態度の形成，食育の観点を踏まえた学校給食と望ましい食習慣の形成を示している。また学級活動の「(3) 一人一人のキャリア形成と自己実現」では，現在や将来に希望や目標をもって生きる意欲や態度の形成，社会参画意識の醸成や働くことの意義の理解，主体的な学習態度の形成と学校図書館等の活用を示している。これらについて，自らの生活を振り返り，自己の目標を定め，粘り強く取り組み，よりよい生活態度を身に付けようとすることは，道徳性を養うことと密接に関わるものである。

児童会活動においては，異年齢の児童が学校におけるよりよい生活を築くために，諸問題を見いだし，これを自主的に取り上げ，協力して解決していく自発的，自治的な活動を通して，異年齢によるよりよい人間関係の形成やよりよい学校生活づくりに参画する態度などに関わる道徳性を養うことができる。

クラブ活動においては，異年齢によるよりよい人間関係の形成や個性の伸長，よりよいクラブ活動づくりに参画する態度などに関わる道徳性を養うことができる。

学校行事においては，特に，自然の中での集団宿泊活動やボランティア精神を養う活動，幼児，高齢者や障害のある人々などとの触れ合いや文化や芸術に親しむ体験を通して，よりよい人間関係の形成，自律的態度，心身の健康，協力，責任，公徳心，勤労，社会奉仕などに関わる道徳性を養うことができる。

## 2　指導内容の重点化（第１章第６の２）

> 2　各学校においては，児童の発達の段階や特性等を踏まえ，指導内容の重点化を図ること。その際，各学年を通じて，自立心や自律性，生命を尊重する心や他者を思いやる心を育てることに留意すること。また，各学年段階においては，次の事項に留意すること。
> ア　第１学年及び第２学年においては，挨拶などの基本的な生活習慣を身に付けること，善悪を判断し，してはならないことをしないこと，社会生活上のきまりを守ること。
> イ　第３学年及び第４学年においては，善悪を判断し，正しいと判断したことを行うこと，身近な人々と協力し助け合うこと，集団や社会のきまりを守ること。
> ウ　第５学年及び第６学年においては，相手の考え方や立場を理解して支え合うこと，法やきまりの意義を理解して進んで守ること，集団生活の充実に努めること，伝統と文化を尊重し，それらを育んできた我が国と郷土を愛するとともに，他国を尊重すること。

道徳教育を進めるに当たっては，児童の発達の段階や特性等を踏まえるとともに，学校，地域社会等の実態や課題に応じて，学校としての指導の重点に基づき各学年段階の指導内容についての重点化を図ることが大切である。

どのような内容を重点的に指導するかは，最終的には，各学校が学校の実情や児童の実態などを踏まえ決定するものであるが，その際には社会的な要請や今日的課題についても考慮し，次のような配慮を行うことが求められる。

(1) 各学年を通じて配慮すること

小学校においては，生きる上で基盤となる道徳的価値観の形成を図る指導を徹底するとともに自己の生き方についての指導を充実する観点から，各学年を通じて，自立心や自律性，生命を尊重する心，他者を思いやる心の育成に配慮することが大切である。

自立心や自律性は，児童がよりよい生き方を目指し，人格を形成していく上で核となるものであり，自己の生き方や人間関係を広げ，社会に参画をしていく上でも基盤となる重要な要素である。特に，小学校の段階では，児童が自己を肯定的に受け止め，自分の生活を見直し，将来に向けて夢や希望をもち，よりよい生活や社会をつくり出そうとする態度の育成が求められている。その際，児童が自己理解を深め，自己を肯定的に受け止めることと，自己に責任をもち，自律的な態度をもつことの両面を調和のとれた形で身に付けていくことができるようにすることが重要である。

生命を尊重する心は，生命の尊厳を感得し，生命ある全てのものを尊重しようとする心のことである。生命を尊重する心の育成は，道徳教育を進めるに当たって特に留意しなければならないこととして生命に対する畏敬の念を生かすことを示しているように，豊かな心を育むことの根本に置かれる重要な課題の一つである。いじめによる自殺などが社会的な問題となっている現在，児童が生きることを喜ぶとともに，生命に関する問題として老いや死などについて考え，他者と共に生命の尊さについて自覚を深めていくことは，特に重要な課題である。

他を思いやる心は，児童が自立した一人の人間として人生を他者と共に，よりよく生きる人格形成を図る道徳教育の充実を目指す上で不可欠なものである。相手の気持ちや立場を推し量り自分の思いを相手に向けることは，よりよい人間関係を築くために重要である。

(2) 学年段階ごとに配慮すること

各学年を通じて配慮することに加えて，各学年段階においては，次の事項に留意することが求められる。

ア　第１学年及び第２学年

第１学年及び第２学年の段階では，挨拶などの基本的な生活習慣を身に付けることや善悪を判断し，してはならないことをしないこと，社会生活上のきまりを守ることについて配慮して指導に当たることが求められる。

基本的な生活習慣は，健全な生活を送る上で必要なものであり，健康や安全に関わること，物の活用や整理整頓に関わることなどがあるが，小学校生活の入門期で身に付くような指導をすることが求められる。

善悪を判断し，してはならないことをしないことは，例えば，うそを言わない，人を傷付けない，人のものを盗まないなど，人としてしてはならないことや善悪について自覚し，その上に立って社会生活上のきまりを守ることができるよう指導することが大切である。第１学年及び第２学年の段階では，幼児期の教育との接続に配慮するとともに，家庭と連携しながら，これらの内容を繰り返し指導することが大切である。

イ　第３学年及び第４学年

第３学年及び第４学年では，善悪を判断し，正しいと判断したことを行うこと，身近な人々と協力し助け合うこと，集団や社会のきまりを守ることに配慮して指導に当たることが求められる。

一般に，この段階の児童は，学校生活に慣れ，行動範囲や人間関係が広がり活動的になる。他方，社会的認識能力をはじめ思考力が発達し，視野が拡大するとともに，内省する心も育ってくると言われる。第１学年及び第２学年の重点を踏まえた指導の充実を基本として，特に身近な人々と協力し助け合うこと，さらには集団や社会のきまりを守ることについて理解し，自ら判断できる力を育てることへの配慮が求められる。

ウ　第５学年及び第６学年

第５学年及び第６学年では，相手の考え方や立場を理解して支え合うこと，法やきまりの意義を理解して進んで守ること，集団生活の充実に努めること，伝統と文化を尊重し，それらを育んできた我が国と郷土を愛するとともに，他国を尊重することに配慮することが大切になる。

この段階は，小学校教育の完成期であり高学年段階の児童としての自覚ある行動が求められる。第３学年及び第４学年の重点を踏まえた指導の充実を基本として，日本人としての自覚をもって我が国の伝統と文化を理解し，それらを育んできた我が国と郷土を愛するとともに他国の伝統と文化を尊重することなどに関する指導に配慮することが求められる。この時期の児童は，知識欲も旺盛で，集団における自己の役割の自覚も大いに進む。自己や社会の未来への夢や目標を抱き，理想を求めて主体的に生きていく力の育成が図られるよう，それまでの学年における指導を踏まえ，中学校段階との接続も視野に入れ，特に国家・社会の一員としての自覚を育てることを重視した適切な指導を行う必要がある。

## 3 豊かな体験活動の充実といじめの防止（第１章第６の３）

> 3 学校や学級内の人間関係や環境を整えるとともに，集団宿泊活動やボランティア活動，自然体験活動，地域の行事への参加などの豊かな体験を充実すること。また，道徳教育の指導内容が，児童の日常生活に生かされるようにすること。その際，いじめの防止や安全の確保等にも資することとなるよう留意すること。

(1) 学校や学級内の人間関係や環境

児童の道徳性は，日々の人間関係の中で養われる。学校や学級における人的な環境は，主に教師と児童及び児童相互の関わりにおいて形成される。

また，教室や校舎・校庭などの物的な環境は，人的な環境とともに児童の道徳性を養うことに深く関わっている。児童が学級や学校を学習し生活する場として自覚するための環境整備に努めることが求められる。

ア 教師と児童の人間関係

児童の道徳性の多くの部分は，日々の人間関係の中で養われる。学校や学級における人的な環境は，主に教師と児童及び児童相互の関わりにおいて形成される。

教師と児童の人間関係は，教師に対する児童の尊敬と共感，児童に対する教師の教育的愛情，そして相互の信頼が基本になる。教師自身がよりよく生きようとする姿勢を示したり，教師が児童を尊重し児童から学ぼうとする姿勢を見せたりすることで信頼が強化される。そのためにも，教師と児童が共に語り合うことのできる場を日常から設定し，児童を理解する有効な機会となるようにすることが大切である。

イ 児童相互の人間関係

児童相互の人間関係を豊かにするには，相互の交流を深め，互いが伸び伸びと生活できる状況をつくることが大切である。児童一人一人が互いに認め合い，励まし合い，学び合う場と機会を意図的に設けるとともに，教師は児童の人間関係が常に変化していることに留意しつつ，座席換えやグループ編成の在り方などについても適切に見直しを図る必要がある。また，異学年間の交流を図ることは，児童相互による道徳教育の機会を増すことになる。

ウ 環境の整備

児童の道徳性を養う上で，人的な環境とともに物的な環境も大切である。具体的には，言語環境の充実，整理整頓され掃除の行き届いた校舎や教室の整備，児童が親しみをもって接することのできる身近な動植物の飼育栽培，各種掲示物の工夫などは，児童の道徳性を養う上で，大きな効果が期待できる。各学校や各学級においては，計画的に環境の充実・整備に取り組むとともに，日頃から児童の道徳性を養うという視点で学校や教室の環境の整備に努めたい。

また，学校や学級の環境の充実・整備を教職員だけが中心となって進めるだけでなく，児童自らが自分たちの学級や学校の環境の充実・整備を積極的に行うことができるよう，特別活動等とも関連を図りながら指導することも大切である。



(2) 豊かな体験の充実

集団生活を通して協力して役割を果たすことの大切さなどを考える集団宿泊活動，社会の一員であるという自覚と互いが支え合う社会の仕組みを考え，自分自身をも高めるためのボランティア活動，自然や動植物を愛し，大切にする心を育てるための自然体験活動など，様々な体験活動の充実が求められている。各学校においては，学校の教育活動全体において学校の実情や児童の実態を考慮し，豊かな体験の積み重ねを通して児童の道徳性が養われるよう配慮することが大切である。その際には，児童に体験活動を通して道徳教育に関わるどのような内容を指導するのか指導の意図を明確にしておくことが必要であり，実施計画にもこのことを明記することが求められる。

さらに，地域社会の行事への参加も，幅広い年齢層の人々と接し，人々の生活，文化，伝統に親しみ，地域社会に対する愛着を高めるだけでなく，地域社会への貢献などを通じて社会に参画する態度を育てるなど，児童にとっては道徳性を養う豊かな体験となる。具体的には，学校行事や総合的な学習の時間などでの体験活動として，自治会や社会教育施設など地域社会の関係機関・団体等で行う地域社会振興の行事や奉仕活動，自然体験活動，防災訓練などに学校や学年として参加することなどが考えられる。その場合には，その行事の性格や内容を事前に把握し，学校の目標や年間の指導計画との関連を明確にしながら児童の豊かな体験が充実するよう進めることが大切である。

(3) 道徳教育の指導内容と児童の日常生活

道徳教育で養う道徳性は，自己の生き方を考え，主体的な判断の下に行動し，自立した人間として他者と共によりよく生きるための基盤となるものである。日常生活においても，人から言われるからといった理由や周りのみんながしているからといった理由ではなく，物事を多面的，多角的に考え，自らの判断により，適切な行為を選択し，実践するなど，道徳教育の指導内容が児童の日常生活に生かされるようにすることが大切である。

特に，いじめの防止や安全の確保といった課題についても，道徳教育や道徳科の特質を生かし，よりよく生きるための基盤となる道徳性を養うことで，児童がそれらの課題に主体的に関わることができるようにしていくことが大切である。

ア　いじめの防止

いじめは，児童の心身の健全な発達に重大な影響を及ぼし，ともすると不登校や自殺などを引き起こす背景ともなる深刻な問題である。子供から大人まで，社会全体でいじめの防止等の指導を充実させていく必要がある。その対応として，いじめ防止対策推進法が公布され，平成25年9月から施行されている。各学校では，いじめ防止対策推進法に基づき，いじめ防止等のための対策に関する基本的な方針を定め，いじめの防止及び早期発見，早期対応に学校が一丸となって取り組むことが求められている。

いじめの防止等と道徳教育との関連を考えた場合，同法第15条の中に「児童等の豊かな情操と道徳心を培い、心の通う対人交流の能力の素地を養うことがいじめの防止に資することを踏まえ，全ての教育活動を通じた道徳教育及び体験活動等の充実を図らなければならない」と示されている。

すなわち，道徳教育においては，道徳科を要とし，教育活動全体を通して，生命を大切にする心や互いを認め合い，協力し，助け合うことのできる信頼感や友情を育むことをはじめとし，節度ある言動，思いやりの心，寛容な心などをしっかりと育てることが大切である。そして，学んだことが，日々の生活の中で，よりよい人間関係やいじめのない学級生活を実現するために自分たちにできることを相談し協力して実行したり，いじめに対してその間違いに気付き，友達と力を合わせ，教師や家族に相談しながら正していこうとしたりするなど，いじめの防止等に児童が主体的に関わる態度へとつながっていくのである。

なお，道徳教育の全体計画を立案するに当たっても，いじめの防止等に向けた道徳教育の進め方について具体的に示し，教職員の共通理解を図ることが大切である。

これらのことを踏まえ，第1学年及び第2学年で，「自分の特徴に気付くこと」や「自分の好き嫌いにとらわれないで接すること」，第3学年及び第4学年で，「自分の考えや意見を相手に伝えるとともに，相手のことを理解し，自分と異なる意見も大切にすること」や「誰に対しても分け隔てをせず，公正，公平な態度で接すること」，第5学年及び第6学年で，「よりよく生きようとする人間の強さや気高さを理解し，人間として生きる喜びを感じること」について，新たに内容項目を追加した。

イ　安全の確保

児童自身が日常生活全般における安全確保のために必要な事項を実践的に理解し，生命尊重を基盤として，生涯を通じて安全な生活を送る基礎を培うとともに，進んで安全で安心な社会づくりに参加し貢献できるような資質や能力を育てることは，次世代の安全文化の構築にとって重要なことである。

道徳教育においては，自律的に判断することやよく考えて行動し，節度，節制に心掛けることの大切さ，生きている喜びや生命のかけがえのなさなど生命の尊さの自覚，力を合わせよりよい集団や社会の実現に努めようとする社会参画の精神などを深めることが，自他の安全に配慮して安全な行動をとったり，自ら危険な環境を改善したり，安全で安心な社会づくりに向けて学校，家庭及び地域社会の安全活動に進んで参加し，貢献したりするなど，児童が安全の確保に積極的に関わる態度につながる。交通事故及び犯罪，自然災害から身を守ることや危機管理など安全に関する指導に当たっては，学校の安全教育の目標や全体計画，各教科等との関連などを考えながら進めることが大切である。

## 4　家庭や地域社会との連携（第１章第６の４）

> 4　学校の道徳教育の全体計画や道徳教育に関する諸活動などの情報を積極的に公表したり，道徳教育の充実のために家庭や地域の人々の積極的な参加や協力を得たりするなど，家庭や地域社会との共通理解を深め，相互の連携を図ること。

### (1) 道徳教育に関わる情報発信

学校で行う道徳教育は，自立した人間として他者と共によりよく生きるための基盤となる道徳性を養うことを目標として行われる。このような道徳性は学校生活だけに限られたものではなく，家庭や地域社会においても，児童の具体的な行動を支える内面的な資質である。そのため，学校で行う道徳教育をより強化するためには，家庭や地域社会との連携，協力が重要になる。その際には，学校と家庭や地域社会が児童の道徳性を養う上での共通理解を図ることが不可欠である。

道徳教育は学校が主体的に行う教育活動であることから，学校が道徳教育の方針を家庭や地域社会に伝え，理解と協力を得るようにしなければならない。

具体的には，学校通信で校長の方針に基づいて作成した道徳教育の全体計画を示したり，道徳教育の成果としての児童のよさや成長の様子を知らせたりすることが考えられる。また，学校のホームページなどインターネットを活用した情報発信も家庭や地域社会に周知する上で効果的である。

### (2) 家庭や地域社会との相互連携

道徳教育の主体は学校であるが，学校の道徳教育の充実を図るためには，家庭や地域社会との連携，協力が必要である。学校の道徳教育に関わる情報発信と併せて，学校の実情に応じて相互交流の場を設定することが望まれる。例えば，学校での道徳教育の実情について説明したり，家庭や地域社会における児童のよさや成長などを知らせてもらったりする情報交換会を定例化し，児童の道徳性の発達や学校，家庭，地域社会の願いを交流し合う機会をもつことが考えられる。また，こうした情報交換で把握した問題点や要望などに着目した講演会の開催なども有効である。

また，学校運営協議会制度などを活用して，学校の道徳教育の成果などを具体的に報告し，それについて意見を得るようにすることも考えられる。また，それらを学校評価に生かし道徳教育の改善を図るとともに，学校が家庭や地域社会と連携する方法を検討することも考えられる。学校，家庭，地域社会が連携して道徳教育の充実を図ることにより，保護者や地域の人々の道徳教育に関わる意識が高まることも期待できる。

# 幼稚園教育要領

教育は，教育基本法第１条に定めるとおり，人格の完成を目指し，平和で民主的な国家及び社会の形成者として必要な資質を備えた心身ともに健康な国民の育成を期すという目的のもと，同法第２条に掲げる次の目標を達成するよう行われなければならない。

1　幅広い知識と教養を身に付け，真理を求める態度を養い，豊かな情操と道徳心を培うとともに，健やかな身体を養うこと。
2　個人の価値を尊重して，その能力を伸ばし，創造性を培い，自主及び自律の精神を養うとともに，職業及び生活との関連を重視し，勤労を重んずる態度を養うこと。
3　正義と責任，男女の平等，自他の敬愛と協力を重んずるとともに，公共の精神に基づき，主体的に社会の形成に参画し，その発展に寄与する態度を養うこと。
4　生命を尊び，自然を大切にし，環境の保全に寄与する態度を養うこと。
5　伝統と文化を尊重し，それらをはぐくんできた我が国と郷土を愛するとともに，他国を尊重し，国際社会の平和と発展に寄与する態度を養うこと。

また，幼児期の教育については，同法第11条に掲げるとおり，生涯にわたる人格形成の基礎を培う重要なものであることにかんがみ，国及び地方公共団体は，幼児の健やかな成長に資する良好な環境の整備その他適当な方法によって，その振興に努めなければならないこととされている。

これからの幼稚園には，学校教育の始まりとして，こうした教育の目的及び目標の達成を目指しつつ，一人一人の幼児が，将来，自分のよさや可能性を認識するとともに，あらゆる他者を価値のある存在として尊重し，多様な人々と協働しながら様々な社会的変化を乗り越え，豊かな人生を切り拓き，持続可能な社会の創り手となることができるようにするための基礎を培うことが求められる。このために必要な教育の在り方を具体化するのが，各幼稚園において教育の内容等を組織的かつ計画的に組み立てた教育課程である。

教育課程を通して，これからの時代に求められる教育を実現していくためには，よりよい学校教育を通してよりよい社会を創るという理念を学校と社会とが共有し，それぞれの幼稚園において，幼児期にふさわしい生活をどのように展開し，どのような資質・能力を育むようにするのかを教育課程において明確にしながら，社会との連携及び協働によりその実現を図っていくという，社会に開かれた教育課程の実現が重要となる。

幼稚園教育要領とは，こうした理念の実現に向けて必要となる教育課程の基準を大綱的に定めるものである。幼稚園教育要領が果たす役割の一つは，公の性質を有する幼稚園における教育水準を全国的に確保することである。また，各幼稚園がその特色を生かして創意工夫を重ね，長年にわたり積み重ねられてきた教育実践や学術研究の蓄積を生かしながら，幼児や地域の現状や課題を捉え，家庭や地域社会と協力して，幼稚園教育要領を踏まえた教育活動の更なる充実を図っていくことも重要である。

幼児の自発的な活動としての遊びを生み出すために必要な環境を整え，一人一人の資質・能力を育んでいくことは，教職員をはじめとする幼稚園関係者はもとより，家庭や地域の人々も含め，様々な立場から幼児や幼稚園に関わる全ての大人に期待される役割である。家庭との緊密な連携の下，小学校以降の教育や生涯にわたる学習とのつながりを見通しながら，幼児の自発的な活動としての遊びを通しての総合的な指導をする際に広く活用されるものとなることを期待して，ここに幼稚園教育要領を定める。

# 第1章　総　則

## 第1　幼稚園教育の基本

幼児期の教育は，生涯にわたる人格形成の基礎を培う重要なものであり，幼稚園教育は，学校教育法に規定する目的及び目標を達成するため，幼児期の特性を踏まえ，環境を通して行うものであることを基本とする。

このため教師は，幼児との信頼関係を十分に築き，幼児が身近な環境に主体的に関わり，環境との関わり方や意味に気付き，これらを取り込もうとして，試行錯誤したり，考えたりするようになる幼児期の教育における見方・考え方を生かし，幼児と共によりよい教育環境を創造するように努めるものとする。これらを踏まえ，次に示す事項を重視して教育を行わなければならない。

1　幼児は安定した情緒の下で自己を十分に発揮することにより発達に必要な体験を得ていくものであることを考慮して，幼児の主体的な活動を促し，幼児期にふさわしい生活が展開されるようにすること。

2　幼児の自発的な活動としての遊びは，心身の調和のとれた発達の基礎を培う重要な学習であることを考慮して，遊びを通しての指導を中心として第2章に示すねらいが総合的に達成されるようにすること。

3　幼児の発達は，心身の諸側面が相互に関連し合い，多様な経過をたどって成し遂げられていくものであること，また，幼児の生活経験がそれぞれ異なることなどを考慮して，幼児一人一人の特性に応じ，発達の課題に即した指導を行うようにすること。

その際，教師は，幼児の主体的な活動が確保されるよう幼児一人一人の行動の理解と予想に基づき，計画的に環境を構成しなければならない。この場合において，教師は，幼児と人やものとの関わりが重要であることを踏まえ，教材を工夫し，物的・空間的環境を構成しなければならない。また，幼児一人一人の活動の場面に応じて，様々な役割を果たし，その活動を豊かにしなければならない。

## 第2　幼稚園教育において育みたい資質・能力及び「幼児期の終わりまでに育ってほしい姿」

1　幼稚園においては，生きる力の基礎を育むため，この章の第1に示す幼稚園教育の基本を踏まえ，次に掲げる資質・能力を一体的に育むよう努めるものとする。

(1) 豊かな体験を通じて，感じたり，気付いたり，分かったり，できるようになったりする「知識及び技能の基礎」

(2) 気付いたことや，できるようになったことなどを使い，考えたり，試したり，工夫したり，表現したりする「思考力，判断力，表現力等の基礎」

(3) 心情，意欲，態度が育つ中で，よりよい生活を営もうとする「学びに向かう力，人間性等」

2　1に示す資質・能力は，第2章に示すねらい及び内容に基づく活動全体によって育むものである。

3　次に示す「幼児期の終わりまでに育ってほしい姿」は，第2章に示すねらい及び内容に基づく活動全体を通して資質・能力が育まれている幼児の幼稚園修了時の具体的な姿であり，教師が指導を行う際に考慮するものである。

(1) 健康な心と体

幼稚園生活の中で，充実感をもって自分のやりたいことに向かって心と体を十分に働かせ，見通しをもって行動し，自ら健康で安全な生活をつくり出すようになる。

(2) 自立心

身近な環境に主体的に関わり様々な活動を楽しむ中で，しなければならないことを自覚し，自分の力で行うために考えたり，工夫したりしながら，諦めずにやり遂げることで達成感を味わい，自信をもって行動するようになる。

(3) 協同性

友達と関わる中で，互いの思いや考えなどを共有し，共通の目的の実現に向けて，考えたり，工夫したり，協力したりし，充実感をもってやり遂げるようになる。

(4) 道徳性・規範意識の芽生え

友達と様々な体験を重ねる中で，してよいことや悪いことが分かり，自分の行動を振り返ったり，友達の気持ちに共感したりし，相手の立場に立って行動するようになる。また，きまりを守る必要性が分かり，自分の気持ちを調整し，友達と折り合いを付けながら，きまりをつくったり，守ったりするようになる。

(5) 社会生活との関わり

家族を大切にしようとする気持ちをもつとともに，地域の身近な人と触れ合う中で，人との様々な関わり方に気付き，相手の気持ちを考えて関わり，自分が役に立つ喜びを感じ，地域に親しみをもつようになる。また，幼稚園内外の様々な環境に関わる中で，遊びや生活に必要な情報を取り入れ，情報に基づき判断したり，情報を伝え合ったり，活用したりするなど，情報を役立てながら活動するようになるとともに，公共の施設を大切に利用するなどして，社会とのつながりなどを意識するようになる。

(6) 思考力の芽生え

身近な事象に積極的に関わる中で，物の性質や仕組みなどを感じ取ったり，気付いたりし，考えたり，予想したり，工夫したりするなど，多様な関わりを楽しむようになる。また，友達の様々な考えに触れる中で，自分と異なる考えがあることに気付き，自ら判断したり，考え直したりするなど，新しい考えを生み出す喜びを味わいながら，自分の考えをよりよいものにするようになる。

(7) 自然との関わり・生命尊重

自然に触れて感動する体験を通して，自然の変化などを感じ取り，好奇心や探究心をもって考え言葉などで表現しながら，身近な事象への関心が高まるとともに，自然への愛情や畏敬の念をもつようになる。また，身近な動植物に心を動かされる中で，生命の不思議さや尊さに気付き，身近な動植物への接し方を考え，命あるものとしていたわり，大切にする気持ちをもって関わるようになる。

(8) 数量や図形，標識や文字などへの関心・感覚

遊びや生活の中で，数量や図形，標識や文字などに親しむ体験を重ねたり，標識や文字の役割に気付いたりし，自らの必要感に基づきこれらを活用し，興味や関心，感覚をもつようになる。

(9) 言葉による伝え合い

先生や友達と心を通わせる中で，絵本や物語などに親しみながら，豊かな言葉や表現を身に付け，経験したことや考えたことなどを言葉で伝えたり，相手の話を注意して聞いたりし，言葉による伝え合いを楽しむようになる。

(10)　豊かな感性と表現

心を動かす出来事などに触れ感性を働かせる中で，様々な素材の特徴や表現の仕方などに気付き，感じたことや考えたことを自分で表現したり，友達同士で表現する過程を楽しんだりし，表現する喜びを味わい，意欲をもつようになる。

## 第３　教育課程の役割と編成等



1　教育課程の役割

各幼稚園においては，教育基本法及び学校教育法その他の法令並びにこの幼稚園教育要領の示すところに従い，創意工夫を生かし，幼児の心身の発達と幼稚園及び地域の実態に即応した適切な教育課程を編成するものとする。

また，各幼稚園においては，6に示す全体的な計画にも留意しながら，「幼児期の終わりまでに育ってほしい姿」を踏まえ教育課程を編成すること，教育課程の実施状況を評価してその改善を図っていくこと，教育課程の実施に必要な人的又は物的な体制を確保するとともにその改善を図っていくことなどを通して，教育課程に基づき組織的かつ計画的に各幼稚園の教育活動の質の向上を図っていくこと（以下「カリキュラム・マネジメント」という。）に努めるものとする。

2　各幼稚園の教育目標と教育課程の編成

教育課程の編成に当たっては，幼稚園教育において育みたい資質・能力を踏まえつつ，各幼稚園の教育目標を明確にするとともに，教育課程の編成についての基本的な方針が家庭や地域とも共有されるよう努めるものとする。

3　教育課程の編成上の基本的事項

(1) 幼稚園生活の全体を通して第2章に示すねらいが総合的に達成されるよう，教育課程に係る教育期間や幼児の生活経験や発達の過程などを考慮して具体的なねらいと内容を組織するものとする。この場合においては，特に，自我が芽生え，他者の存在を意識し，自己を抑制しようとする気持ちが生まれる幼児期の発達の特性を踏まえ，入園から修了に至るまでの長期的な視野をもって充

実した生活が展開できるように配慮するものとする。

(2) 幼稚園の毎学年の教育課程に係る教育週数は，特別の事情のある場合を除き，39 週を下ってはならない。

(3) 幼稚園の１日の教育課程に係る教育時間は，４時間を標準とする。ただし，幼児の心身の発達の程度や季節などに適切に配慮するものとする。

4　教育課程の編成上の留意事項

教育課程の編成に当たっては，次の事項に留意するものとする。

(1) 幼児の生活は，入園当初の一人一人の遊びや教師との触れ合いを通して幼稚園生活に親しみ，安定していく時期から，他の幼児との関わりの中で幼児の主体的な活動が深まり，幼児が互いに必要な存在であることを認識するようになり，やがて幼児同士や学級全体で目的をもって協同して幼稚園生活を展開し，深めていく時期などに至るまでの過程を様々に経ながら広げられていくものであることを考慮し，活動がそれぞれの時期にふさわしく展開されるようにすること。

(2) 入園当初，特に，３歳児の入園については，家庭との連携を緊密にし，生活のリズムや安全面に十分配慮すること。また，満３歳児については，学年の途中から入園することを考慮し，幼児が安心して幼稚園生活を過ごすことができるよう配慮すること。

(3) 幼稚園生活が幼児にとって安全なものとなるよう，教職員による協力体制の下，幼児の主体的な活動を大切にしつつ，園庭や園舎などの環境の配慮や指導の工夫を行うこと。

5　小学校教育との接続に当たっての留意事項

(1) 幼稚園においては，幼稚園教育が，小学校以降の生活や学習の基盤の育成につながることに配慮し，幼児期にふさわしい生活を通して，創造的な思考や主体的な生活態度などの基礎を培うようにするものとする。

(2) 幼稚園教育において育まれた資質・能力を踏まえ，小学校教育が円滑に行われるよう，小学校の教師との意見交換や合同の研究の機会などを設け，「幼児期の終わりまでに育ってほしい姿」を共有するなど連携を図り，幼稚園教育と小学校教育との円滑な接続を図るよう努めるものとする。

6　全体的な計画の作成

各幼稚園においては，教育課程を中心に，第３章に示す教育課程に係る教育時間の終了後等に行う教育活動の計画，学校保健計画，学校安全計画などとを関連させ，一体的に教育活動が展開されるよう全体的な計画を作成するものとする。

## 第４　指導計画の作成と幼児理解に基づいた評価

付録６

1　指導計画の考え方

幼稚園教育は，幼児が自ら意欲をもって環境と関わることによりつくり出される具体的な活動を通して，その目標の達成を図るものである。

幼稚園においてはこのことを踏まえ，幼児期にふさわしい生活が展開され，適切な指導が行われるよう，それぞれの幼稚園の教育課程に基づき，調和のとれた組織的，発展的な指導計画を作成し，幼児の活動に沿った柔軟な指導を行わなければならない。

2　指導計画の作成上の基本的事項

(1) 指導計画は，幼児の発達に即して一人一人の幼児が幼児期にふさわしい生活を展開し，必要な体験を得られるようにするために，具体的に作成するものとする。

(2) 指導計画の作成に当たっては，次に示すところにより，具体的なねらい及び内容を明確に設定し，適切な環境を構成することなどにより活動が選択・展開されるようにするものとする。

ア　具体的なねらい及び内容は，幼稚園生活における幼児の発達の過程を見通し，幼児の生活の連続性，季節の変化などを考慮して，幼児の興味や関心，発達の実情などに応じて設定すること。

イ　環境は，具体的なねらいを達成するために適切なものとなるように構成し，幼児が自らその環境に関わることにより様々な活動を展開しつつ必要な体験を得られるようにすること。その際，幼児の生活する姿や発想を大切にし，常にその環境が適切なものとなるようにすること。

ウ　幼児の行う具体的な活動は，生活の流れの中で様々に変化するものであることに留意し，幼児が望ましい方向に向かって自ら活動を展開していくことができるよう必要な援助をすること。

その際，幼児の実態及び幼児を取り巻く状況の変化などに即して指導の過程についての評価を適切に行い，常に指導計画の改善を図るものとする。

3　指導計画の作成上の留意事項
指導計画の作成に当たっては，次の事項に留意するものとする。
(1) 長期的に発達を見通した年，学期，月などにわたる長期の指導計画やこれとの関連を保ちながらより具体的な幼児の生活に即した週，日などの短期の指導計画を作成し，適切な指導が行われるようにすること。特に，週，日などの短期の指導計画については，幼児の生活のリズムに配慮し，幼児の意識や興味の連続性のある活動が相互に関連して幼稚園生活の自然な流れの中に組み込まれるようにすること。
(2) 幼児が様々な人やものとの関わりを通して，多様な体験をし，心身の調和のとれた発達を促すようにしていくこと。その際，幼児の発達に即して主体的・対話的で深い学びが実現するようにするとともに，心を動かされる体験が次の活動を生み出すことを考慮し，一つ一つの体験が相互に結び付き，幼稚園生活が充実するようにすること。
(3) 言語に関する能力の発達と思考力等の発達が関連していることを踏まえ，幼稚園生活全体を通して，幼児の発達を踏まえた言語環境を整え，言語活動の充実を図ること。
(4) 幼児が次の活動への期待や意欲をもつことができるよう，幼児の実態を踏まえながら，教師や他の幼児と共に遊びや生活の中で見通しをもったり，振り返ったりするよう工夫すること。
(5) 行事の指導に当たっては，幼稚園生活の自然の流れの中で生活に変化や潤いを与え，幼児が主体的に楽しく活動できるようにすること。なお，それぞれの行事についてはその教育的価値を十分検討し，適切なものを精選し，幼児の負担にならないようにすること。
(6) 幼児期は直接的な体験が重要であることを踏まえ，視聴覚教材やコンピュータなど情報機器を活用する際には，幼稚園生活では得難い体験を補完するなど，幼児の体験との関連を考慮すること。
(7) 幼児の主体的な活動を促すためには，教師が多様な関わりをもつことが重要であることを踏まえ，教師は，理解者，共同作業者など様々な役割を果たし，幼児の発達に必要な豊かな体験が得られるよう，活動の場面に応じて，適切な指導を行うようにすること。
(8) 幼児の行う活動は，個人，グループ，学級全体などで多様に展開されるものであることを踏まえ，幼稚園全体の教師による協力体制を作りながら，一人一人の幼児が興味や欲求を十分に満足させるよう適切な援助を行うようにすること。

4　幼児理解に基づいた評価の実施
幼児一人一人の発達の理解に基づいた評価の実施に当たっては，次の事項に配慮するものとする。
(1) 指導の過程を振り返りながら幼児の理解を進め，幼児一人一人のよさや可能性などを把握し，指導の改善に生かすようにすること。その際，他の幼児との比較や一定の基準に対する達成度についての評定によって捉えるものではないことに留意すること。
(2) 評価の妥当性や信頼性が高められるよう創意工夫を行い，組織的かつ計画的な取組を推進するとともに，次年度又は小学校等にその内容が適切に引き継がれるようにすること。



## 第５　特別な配慮を必要とする幼児への指導

1　障害のある幼児などへの指導
障害のある幼児などへの指導に当たっては，集団の中で生活することを通して全体的な発達を促していくことに配慮し，特別支援学校などの助言又は援助を活用しつつ，個々の幼児の障害の状態などに応じた指導内容や指導方法の工夫を組織的かつ計画的に行うものとする。また，家庭，地域及び医療や福祉，保健等の業務を行う関係機関との連携を図り，長期的な視点で幼児への教育的支援を行うために，個別の教育支援計画を作成し活用することに努めるとともに，個々の幼児の実態を的確に把握し，個別の指導計画を作成し活用することに努めるものとする。

2　海外から帰国した幼児や生活に必要な日本語の習得に困難のある幼児の幼稚園生活への適応
海外から帰国した幼児や生活に必要な日本語の習得に困難のある幼児については，安心して自己を発揮できるよう配慮するなど個々の幼児の実態に応じ，指導内容や指導方法の工夫を組織的かつ計画的に行うものとする。

## 第６　幼稚園運営上の留意事項

1　各幼稚園においては，園長の方針の下に，園務分掌に基づき教職員が適切に役割を分担しつつ，相互に連携しながら，教育課程や指導の改善を図るものとする。また，各幼稚園が行う学校評価については，教育課程の編成，実施，改善が教育活動や幼稚園運営の中核となることを踏まえ，カリキュラム・マネジメントと関連付けながら実施するよう留意するものとする。

2　幼児の生活は，家庭を基盤として地域社会を通じて次第に広がりをもつものであることに留意し，家庭との連携を十分に図るなど，幼稚園における生活が家庭や地域社会と連続性を保ちつつ展開されるようにするものとする。その際，地域の自然，高齢者や異年齢の子供などを含む人材，行事や公共施設などの地域の資源を積極的に活用し，幼児が豊かな生活体験を得られるように工夫するものとする。また，家庭との連携に当たっては，保護者との情報交換の機会を設けたり，保護者と幼児との活動の機会を設けたりなどすることを通じて，保護者の幼児期の教育に関する理解が深まるよう配慮するものとする。

3　地域や幼稚園の実態等により，幼稚園間に加え，保育所，幼保連携型認定こども園，小学校，中学校，高等学校及び特別支援学校などとの間の連携や交流を図るものとする。特に，幼稚園教育と小学校教育の円滑な接続のため，幼稚園の幼児と小学校の児童との交流の機会を積極的に設けるようにするものとする。また，障害のある幼児児童生徒との交流及び共同学習の機会を設け，共に尊重し合いながら協働して生活していく態度を育むよう努めるものとする。

## 第７　教育課程に係る教育時間終了後等に行う教育活動など

幼稚園は，第３章に示す教育課程に係る教育時間の終了後等に行う教育活動について，学校教育法に規定する目的及び目標並びにこの章の第１に示す幼稚園教育の基本を踏まえ実施するものとする。また，幼稚園の目的の達成に資するため，幼児の生活全体が豊かなものとなるよう家庭や地域における幼児期の教育の支援に努めるものとする。

# 第２章　ねらい及び内容

この章に示すねらいは，幼稚園教育において育みたい資質・能力を幼児の生活する姿から捉えたものであり，内容は，ねらいを達成するために指導する事項である。各領域は，これらを幼児の発達の側面から，心身の健康に関する領域「健康」，人との関わりに関する領域「人間関係」，身近な環境との関わりに関する領域「環境」，言葉の獲得に関する領域「言葉」及び感性と表現に関する領域「表現」としてまとめ，示したものである。内容の取扱いは，幼児の発達を踏まえた指導を行うに当たって留意すべき事項である。

各領域に示すねらいは，幼稚園における生活の全体を通じ，幼児が様々な体験を積み重ねる中で相互に関連をもちながら次第に達成に向かうものであること，内容は，幼児が環境に関わって展開する具体的な活動を通して総合的に指導されるものであることに留意しなければならない。

また，「幼児期の終わりまでに育ってほしい姿」が，ねらい及び内容に基づく活動全体を通して資質・能力が育まれている幼児の幼稚園修了時の具体的な姿であることを踏まえ，指導を行う際に考慮するものとする。

なお，特に必要な場合には，各領域に示すねらいの趣旨に基づいて適切な，具体的な内容を工夫し，それを加えても差し支えないが，その場合には，それが第１章の第１に示す幼稚園教育の基本を逸脱しないよう慎重に配慮する必要がある。

健　康

〔健康な心と体を育て，自ら健康で安全な生活をつくり出す力を養う。〕

1　ねらい

(1) 明るく伸び伸びと行動し，充実感を味わう。
(2) 自分の体を十分に動かし，進んで運動しようとする。
(3) 健康，安全な生活に必要な習慣や態度を身に付け，見通しをもって行動する。

2　内　容

(1) 先生や友達と触れ合い，安定感をもって行動する。
(2) いろいろな遊びの中で十分に体を動かす。
(3) 進んで戸外で遊ぶ。
(4) 様々な活動に親しみ，楽しんで取り組む。
(5) 先生や友達と食べることを楽しみ，食べ物への興味や関心をもつ。
(6) 健康な生活のリズムを身に付ける。
(7) 身の回りを清潔にし，衣服の着脱，食事，排泄（せつ）などの生活に必要な活動を自分でする。
(8) 幼稚園における生活の仕方を知り，自分たちで生活の場を整えながら見通しをもって行動する。
(9) 自分の健康に関心をもち，病気の予防などに必要な活動を進んで行う。
(10) 危険な場所，危険な遊び方，災害時などの行動の仕方が分かり，安全に気を付けて行動する。

3　内容の取扱い

上記の取扱いに当たっては，次の事項に留意する必要がある。

(1) 心と体の健康は，相互に密接な関連があるものであることを踏まえ，幼児が教師や他の幼児との温かい触れ合いの中で自己の存在感や充実感を味わうことなどを基盤として，しなやかな心と体の発達を促すこと。特に，十分に体を動かす気持ちよさを体験し，自ら体を動かそうとする意欲が育つようにすること。
(2) 様々な遊びの中で，幼児が興味や関心，能力に応じて全身を使って活動することにより，体を動かす楽しさを味わい，自分の体を大切にしようとする気持ちが育つようにすること。その際，多様な動きを経験する中で，体の動きを調整するようにすること。
(3) 自然の中で伸び伸びと体を動かして遊ぶことにより，体の諸機能の発達が促されることに留意し，幼児の興味や関心が戸外にも向くようにすること。その際，幼児の動線に配慮した園庭や遊具の配置などを工夫すること。
(4) 健康な心と体を育てるためには食育を通じた望ましい食習慣の形成が大切であることを踏まえ，幼児の食生活の実情に配慮し，和やかな雰囲気の中で教師や他の幼児と食べる喜びや楽しさを味わったり，様々な食べ物への興味や関心をもったりするなどし，食の大切さに気付き，進んで食べようとする気持ちが育つようにすること。

(5) 基本的な生活習慣の形成に当たっては，家庭での生活経験に配慮し，幼児の自立心を育て，幼児が他の幼児と関わりながら主体的な活動を展開する中で，生活に必要な習慣を身に付け，次第に見通しをもって行動できるようにすること。

(6) 安全に関する指導に当たっては，情緒の安定を図り，遊びを通して安全についての構えを身に付け，危険な場所や事物などが分かり，安全についての理解を深めるようにすること。また，交通安全の習慣を身に付けるようにするとともに，避難訓練などを通して，災害などの緊急時に適切な行動がとれるようにすること。

人間関係

〔他の人々と親しみ，支え合って生活するために，自立心を育て，人と関わる力を養う。〕

1　ねらい

(1) 幼稚園生活を楽しみ，自分の力で行動することの充実感を味わう。

(2) 身近な人と親しみ，関わりを深め，工夫したり，協力したりして一緒に活動する楽しさを味わい，愛情や信頼感をもつ。

(3) 社会生活における望ましい習慣や態度を身に付ける。

2　内　容

(1) 先生や友達と共に過ごすことの喜びを味わう。

(2) 自分で考え，自分で行動する。

(3) 自分でできることは自分でする。

(4) いろいろな遊びを楽しみながら物事をやり遂げようとする気持ちをもつ。

(5) 友達と積極的に関わりながら喜びや悲しみを共感し合う。

(6) 自分の思ったことを相手に伝え，相手の思っていることに気付く。

(7) 友達のよさに気付き，一緒に活動する楽しさを味わう。

(8) 友達と楽しく活動する中で，共通の目的を見いだし，工夫したり，協力したりなどする。

(9) よいことや悪いことがあることに気付き，考えながら行動する。

(10) 友達との関わりを深め，思いやりをもつ。

(11) 友達と楽しく生活する中できまりの大切さに気付き，守ろうとする。

(12) 共同の遊具や用具を大切にし，皆で使う。

(13) 高齢者をはじめ地域の人々などの自分の生活に関係の深いいろいろな人に親しみをもつ。

3　内容の取扱い

上記の取扱いに当たっては，次の事項に留意する必要がある。

(1) 教師との信頼関係に支えられて自分自身の生活を確立していくことが人と関わる基盤となることを考慮し，幼児が自ら周囲に働き掛けることにより多様な感情を体験し，試行錯誤しながら諦めずにやり遂げることの達成感や，前向きな見通しをもって自分の力で行うことの充実感を味わうことができるよう，幼児の行動を見守りながら適切な援助を行うようにすること。

(2) 一人一人を生かした集団を形成しながら人と関わる力を育てていくようにすること。その際，集団の生活の中で，幼児が自己を発揮し，教師や他の幼児に認められる体験をし，自分のよさや特徴に気付き，自信をもって行動できるようにすること。

(3) 幼児が互いに関わりを深め，協同して遊ぶようになるため，自ら行動する力を育てるようにするとともに，他の幼児と試行錯誤しながら活動を展開する楽しさや共通の目的が実現する喜びを味わうことができるようにすること。

(4) 道徳性の芽生えを培うに当たっては，基本的な生活習慣の形成を図るとともに，幼児が他の幼児との関わりの中で他人の存在に気付き，相手を尊重する気持ちをもって行動できるようにし，また，自然や身近な動植物に親しむことなどを通して豊かな心情が育つようにすること。特に，人に対する信頼感や思いやりの気持ちは，葛藤やつまずきをも体験し，それらを乗り越えることにより次第に芽生えてくることに配慮すること。

(5) 集団の生活を通して，幼児が人との関わりを深め，規範意識の芽生えが培われることを考慮し，幼児が教師との信頼関係に支えられて自己を発揮する中で，互いに思いを主張し，折り合いを付ける体験をし，きまりの必要性などに気付き，自分の気持ちを調整する力が育つようにすること。

(6) 高齢者をはじめ地域の人々などの自分の生活に関係の深いいろいろな人と触れ合い，自分の感情や意志を表現しながら共に楽しみ，共感し合う体験を通して，これらの人々などに親しみをもち，人と関わることの楽しさや人の役に立つ喜びを味わうことができるようにすること。また，生活を通して親や祖父母などの家族の愛情に気付き，家族を大切にしようとする気持ちが育つようにすること。

環　境

〔周囲の様々な環境に好奇心や探究心をもって関わり，それらを生活に取り入れていこうとする力を養う。〕

1 ねらい

(1) 身近な環境に親しみ，自然と触れ合う中で様々な事象に興味や関心をもつ。

(2) 身近な環境に自分から関わり，発見を楽しんだり，考えたりし，それを生活に取り入れようとする。

(3) 身近な事象を見たり，考えたり，扱ったりする中で，物の性質や数量，文字などに対する感覚を豊かにする。

2　内　容

(1) 自然に触れて生活し，その大きさ，美しさ，不思議さなどに気付く。

(2) 生活の中で，様々な物に触れ，その性質や仕組みに興味や関心をもつ。

(3) 季節により自然や人間の生活に変化のあることに気付く。

(4) 自然などの身近な事象に関心をもち，取り入れて遊ぶ。

(5) 身近な動植物に親しみをもって接し，生命の尊さに気付き，いたわったり，大切にしたりする。

(6) 日常生活の中で，我が国や地域社会における様々な文化や伝統に親しむ。

(7) 身近な物を大切にする。

(8) 身近な物や遊具に興味をもって関わり，自分なりに比べたり，関連付けたりしながら考えたり，試したりして工夫して遊ぶ。

(9) 日常生活の中で数量や図形などに関心をもつ。

(10) 日常生活の中で簡単な標識や文字などに関心をもつ。

(11) 生活に関係の深い情報や施設などに興味や関心をもつ。

(12) 幼稚園内外の行事において国旗に親しむ。

3　内容の取扱い

上記の取扱いに当たっては，次の事項に留意する必要がある。

(1) 幼児が，遊びの中で周囲の環境と関わり，次第に周囲の世界に好奇心を抱き，その意味や操作の仕方に関心をもち，物事の法則性に気付き，自分なりに考えることができるようになる過程を大切にすること。また，他の幼児の考えなどに触れて新しい考えを生み出す喜びや楽しさを味わい，自分の考えをよりよいものにしようとする気持ちが育つようにすること。

(2) 幼児期において自然のもつ意味は大きく，自然の大きさ，美しさ，不思議さなどに直接触れる体験を通して，幼児の心が安らぎ，豊かな感情，好奇心，思考力，表現力の基礎が培われることを踏まえ，幼児が自然との関わりを深めることができるよう工夫すること。

(3) 身近な事象や動植物に対する感動を伝え合い，共感し合うことなどを通して自分から関わろうとする意欲を育てるとともに，様々な関わり方を通してそれらに対する親しみや畏敬の念，生命を大切にする気持ち，公共心，探究心などが養われるようにすること。

(4) 文化や伝統に親しむ際には，正月や節句など我が国の伝統的な行事，国歌，唱歌，わらべうたや我が国の伝統的な遊びに親しんだり，異なる文化に触れる活動に親しんだりすることを通じて，社会とのつながりの意識や国際理解の意識の芽生えなどが養われるようにすること。

(5) 数量や文字などに関しては，日常生活の中で幼児自身の必要感に基づく体験を大切にし，数量や文字などに関する興味や関心，感覚が養われるようにすること。

言　葉

〔経験したことや考えたことなどを自分なりの言葉で表現し，相手の話す言葉を聞こうとする意欲や態度を育て，言葉に対する感覚や言葉で表現する力を養う。〕

1　ねらい

(1) 自分の気持ちを言葉で表現する楽しさを味わう。

(2) 人の言葉や話などをよく聞き，自分の経験したことや考えたことを話し，伝え合う喜びを味わう。

(3) 日常生活に必要な言葉が分かるようになるとともに，絵本や物語などに親しみ，言葉に対する感覚を豊かにし，先生や友達と心を通わせる。

2　内　容

(1) 先生や友達の言葉や話に興味や関心をもち，親しみをもって聞いたり，話したりする。

(2) したり，見たり，聞いたり，感じたり，考えたりなどしたことを自分なりに言葉で表現する。

(3) したいこと，してほしいことを言葉で表現したり，分からないことを尋ねたりする。
(4) 人の話を注意して聞き，相手に分かるように話す。
(5) 生活の中で必要な言葉が分かり，使う。
(6) 親しみをもって日常の挨拶をする。
(7) 生活の中で言葉の楽しさや美しさに気付く。
(8) いろいろな体験を通じてイメージや言葉を豊かにする。
(9) 絵本や物語などに親しみ，興味をもって聞き，想像をする楽しさを味わう。
(10) 日常生活の中で，文字などで伝える楽しさを味わう。

3　内容の取扱い

上記の取扱いに当たっては，次の事項に留意する必要がある。

(1) 言葉は，身近な人に親しみをもって接し，自分の感情や意志などを伝え，それに相手が応答し，その言葉を聞くことを通して次第に獲得されていくものであることを考慮して，幼児が教師や他の幼児と関わることにより心を動かされるような体験をし，言葉を交わす喜びを味わえるようにすること。
(2) 幼児が自分の思いを言葉で伝えるとともに，教師や他の幼児などの話を興味をもって注意して聞くことを通して次第に話を理解するようになっていき，言葉による伝え合いができるようにすること。
(3) 絵本や物語などで，その内容と自分の経験とを結び付けたり，想像を巡らせたりするなど，楽しみを十分に味わうことによって，次第に豊かなイメージをもち，言葉に対する感覚が養われるようにすること。
(4) 幼児が生活の中で，言葉の響きやリズム，新しい言葉や表現などに触れ，これらを使う楽しさを味わえるようにすること。その際，絵本や物語に親しんだり，言葉遊びなどをしたりすることを通して，言葉が豊かになるようにすること。
(5) 幼児が日常生活の中で，文字などを使いながら思ったことや考えたことを伝える喜びや楽しさを味わい，文字に対する興味や関心をもつようにすること。

表　現

〔感じたことや考えたことを自分なりに表現することを通して，豊かな感性や表現する力を養い，創造性を豊かにする。〕

1　ねらい

(1) いろいろなものの美しさなどに対する豊かな感性をもつ。
(2) 感じたことや考えたことを自分なりに表現して楽しむ。
(3) 生活の中でイメージを豊かにし，様々な表現を楽しむ。

2　内容

(1) 生活の中で様々な音，形，色，手触り，動きなどに気付いたり，感じたりするなどして楽しむ。
(2) 生活の中で美しいものや心を動かす出来事に触れ，イメージを豊かにする。
(3) 様々な出来事の中で，感動したことを伝え合う楽しさを味わう。
(4) 感じたこと，考えたことなどを音や動きなどで表現したり，自由にかいたり，つくったりなどする。
(5) いろいろな素材に親しみ，工夫して遊ぶ。
(6) 音楽に親しみ，歌を歌ったり，簡単なリズム楽器を使ったりなどする楽しさを味わう。
(7) かいたり，つくったりすることを楽しみ，遊びに使ったり，飾ったりなどする。
(8) 自分のイメージを動きや言葉などで表現したり，演じて遊んだりするなどの楽しさを味わう。

3　内容の取扱い

上記の取扱いに当たっては，次の事項に留意する必要がある。

(1) 豊かな感性は，身近な環境と十分に関わる中で美しいもの，優れたもの，心を動かす出来事などに出会い，そこから得た感動を他の幼児や教師と共有し，様々に表現することなどを通して養われるようにすること。その際，風の音や雨の音，身近にある草や花の形や色など自然の中にある音，形，色などに気付くようにすること。
(2) 幼児の自己表現は素朴な形で行われることが多いので，教師はそのような表現を受容し，幼児自身の表現しようとする意欲を受け止めて，幼児が生活の中で幼児らしい様々な表現を楽しむことができるようにすること。
(3) 生活経験や発達に応じ，自ら様々な表現を楽しみ，表現する意欲を十分に発揮させることができるように，遊具や用具などを整えたり，様々な素材や表現の仕方に親しんだり，他の幼児の表現に触れられるよう配慮したりし，表現する過程を大切にして自己表現を楽しめるように工夫すること。

## 第3章　教育課程に係る教育時間の終了後等に行う教育活動などの留意事項

1　地域の実態や保護者の要請により，教育課程に係る教育時間の終了後等に希望する者を対象に行う教育活動については，幼児の心身の負担に配慮するものとする。また，次の点にも留意するものとする。

(1) 教育課程に基づく活動を考慮し，幼児期にふさわしい無理のないものとなるようにすること。その際，教育課程に基づく活動を担当する教師と緊密な連携を図るようにすること。

(2) 家庭や地域での幼児の生活も考慮し，教育課程に係る教育時間の終了後等に行う教育活動の計画を作成するようにすること。その際，地域の人々と連携するなど，地域の様々な資源を活用しつつ，多様な体験ができるようにすること。

(3) 家庭との緊密な連携を図るようにすること。その際，情報交換の機会を設けたりするなど，保護者が，幼稚園と共に幼児を育てるという意識が高まるようにすること。

(4) 地域の実態や保護者の事情とともに幼児の生活のリズムを踏まえつつ，例えば実施日数や時間などについて，弾力的な運用に配慮すること。

(5) 適切な責任体制と指導体制を整備した上で行うようにすること。

2　幼稚園の運営に当たっては，子育ての支援のために保護者や地域の人々に機能や施設を開放して，園内体制の整備や関係機関との連携及び協力に配慮しつつ，幼児期の教育に関する相談に応じたり，情報を提供したり，幼児と保護者との登園を受け入れたり，保護者同士の交流の機会を提供したりするなど，幼稚園と家庭が一体となって幼児と関わる取組を進め，地域における幼児期の教育のセンターとしての役割を果たすよう努めるものとする。その際，心理や保健の専門家，地域の子育て経験者等と連携・協働しながら取り組むよう配慮するものとする。

学習指導要領等の改善に係る検討に必要な専門的作業等協力者

（小学校特別の教科　道徳）

（敬称略・五十音順）

※職名は平成 29 年 6 月現在

| | |
|---|---|
| 齋　藤　賢　二 | 文部科学省初等中等教育局教科書調査官<br>（元東京都国立市立第二小学校副校長） |
| 齋　藤　眞　弓 | 前茨城県石岡市立府中小学校教諭 |
| 坂　本　哲　彦 | 山口県宇部市東岐波小学校長 |
| 島　　　恒　生 | 畿央大学大学院教授 |
| 鈴　村　邦　夫 | 東京都千代田区立番町小学校長 |
| 永　田　繁　雄 | 東京学芸大学大学院教授 |
| 橋　本　ひろみ | 東京都世田谷区立池之上小学校指導教諭 |
| 宮　田　真由美 | 静岡県浜松市三方原小学校教頭 |
| 毛　内　嘉　威 | 秋田公立美術大学副学長 |

なお，文部科学省においては，次の者が本書の編集に当たった。

| | |
|---|---|
| 合　田　哲　雄 | 初等中等教育局教育課程課長 |
| 小　野　賢　志 | 初等中等教育局教育課程課主任学校教育官（併）道徳教育調査官 |
| 美　濃　　亮 | 岡山県真庭市教育委員会事務局総括監<br>（前初等中等教育局教育課程課学校教育官（併）道徳教育調査官） |
| 浅　見　哲　也 | 初等中等教育局教育課程課教科調査官 |
| 赤　堀　博　行 | 帝京大学大学院教授<br>（前初等中等教育局教育課程課教科調査官） |

小学校学習指導要領（平成29年告示）解説　特別の教科　道徳編

MEXT 1-1601

平成 30 年 2 月 20 日　初版発行
令和 7 年 3 月 5 日　9 版発行



発 行 者　東京都新宿区下落合1-6-1 宮村ビル2階
あかつき教育図書株式会社
代表者　東 谷　典 尚

印 刷 者　長野県長野市柳原下返町2551
東洋印刷株式会社

発 行 所　東京都新宿区下落合1-6-1 宮村ビル2階
あかつき教育図書株式会社
電　話　03－3825－9188

定価　本体 135円＋税